내 인생의 기적은
한 권의 책에서 시작되었다

최고가 된 사람들의 기적을 만든 독서법!
내 인생의 기적은 한 권의 책에서 시작되었다

초판 1쇄 발행 2015년 11월 10일
초판 3쇄 발행 2016년 6월 20일

지은이 **김병완**
펴낸이 **백광옥**
펴낸곳 (주)새로운 제안
등록 2005년 12월 22일 제2-4305호

주소 (07285) 서울특별시 영등포구 선유로3길 10 하우스디비즈 708호
전화 02-2238-9740 팩스 02-2238-9743
홈페이지 www.jean.co.kr e-mail webmaster@jean.co.kr

인쇄 예림인쇄 제책 바다제책

ISBN 978-89-5533-482-1 (13320)
ISBN 978-89-5533-483-8 (15320) 전자책

저작권자 ⓒ 김병완 2015
이 책의 저작권은 저자에게 있습니다. 서면에 의한 저자의 허락 없이
내용의 일부를 인용하거나 발췌하는 것을 금합니다.

※ 책값은 뒤표지에 있습니다.
※ 잘못 만들어진 책은 구입하신 서점에서 교환해 드립니다.
※ 저자와의 협의하에 인지는 생략합니다.

이 도서의 국립중앙도서관 출판예정도서목록(CIP)은 서지정보유통지원시스템 홈페이지(http://seoji.nl.go.kr)와
국가자료공동목록시스템(http://www.nl.go.kr/kolisnet)에서 이용하실 수 있습니다.
(CIP제어번호 : CIP2015028463)

내 인생의 기적은 한 권의 책에서 시작되었다

| 김병완 지음 |

새로운 제안

"한 문장이라도 매일 조금씩 읽기로 결심하라.
하루 15분씩 시간을 내면 연말에는 변화가 느껴질 것이다."
_호러스 맨[1]

프롤로그

단 한 권의 책도 절대 무시하지 마라

인생의 기적이 아주 수준이 낮고 형편없는 책들로부터 시작되었다고 한다면 당신은 의아해할지도 모른다. 하지만 사실이다.

필자의 인생을 위대하게 만든 것은 만 권의 독서가 아니다. 필자를 시시한 인생에서 건져준 기적은 단 한 권의 책으로부터 시작되었다. 왜냐하면 한 권의 독서가 존재하지 않았다면, 만 권의 독서는 절대 존재할 수 없는 망상에 불과하기 때문이다. 그런 점에서 인생의 기적은 만 권 독서가 가져다준 것이 아니라 매일 매일 멈추지 않고 꾸준히 하는 수많은 한 권의 독서인 것이다.

사람들이 가지고 있는 잘못된 독서 편견 중 하나는 수준 높은 고전과 많은 양의 독서를 해야 한다는 것이다. 물론 다독을 무시하거나 경시해서는 절대 안 된다. 하지만 한 권 한 권의 독서를 무시하면서, 많은 양의 독서를 중요시하는 것은 이율배반적인 행동에 불과하다. 독서에 대한 이러한 편견은 사람들로 하여금 독서는 힘들고 어려운 것이라는 선입관을 갖게 하고, 일상에서 독서 습관을 갖지 못하게 방해한다.

당신의 독서력이 초보 수준인데 수준 높은 고전을 읽는 것은 수영을 겨우 배우기 시작한 초보자가 깊은 바다에 뛰어들어 수영을 배우려는 것과 다름없는 매우 위험한 일이다.

우리를 변화시키고 성장시키는 책들은 현재의 수준을 뛰어넘는 수준 높은 책들이 아니라 현재 수준에서 충분히 이해하고 공감할 수 있는 책들, 즉 다시 말해 작고 사소한 배움을 얻을 수 있는 책들이다. 그런 책들이 모이고 모여서, 즉 한 권의 독서가 쌓이고 쌓여서 태산이 되고, 바다가 되는 것이다.

6년 전 필자는 나이는 40대였지만 독서 수준은 아주 낮고 형편없었다. 전국을 다니면서 독서법 특강을 할 때마다 이 이야기를 항상 먼저 한다. 부끄러운 이야기지만 이 부분이 매우 중요하기 때문이다.

당신이 성인이라고 해서, 나이가 많다고 해서 무조건 고전부터 읽어서는 안 된다. 독해력이 초등학교 수준인데 어떻게 대학원생 수준의 《군주론》, 《자본론》, 칸트의 《순수이성비판》, 플라톤의

《국가》, 《헤겔 자연철학》 등과 같은 책을 읽을 수 있겠는가? 읽는 척은 할 수 있겠지만 배우는 것, 얻는 것은 하나도 없을 것이다.

필자 역시 도서관에 칩거하던 첫 6개월 동안 이런 책들을 읽었다. 《군주론》을 처음부터 끝까지 한 번 완독하는 데 무려 3주나 걸리기도 했고, 똑같은 책을 몇 달 걸려 수십 번 읽었지만 얻거나 배우는 것은 하나도 없었다. 그때의 좌절감과 절망은 경험해보지 않은 사람은 모를 것이다. 그렇게 6개월 동안 잘못된 독서, 밑 빠진 독에 물 붓기 식의 독서를 한 후에야 필자는 비로소 두 가지 사실을 뼈저리게 깨닫게 되었다. 독서법을 제대로 배워본 적이 없다는 것과 6개월간 제대로 독서를 한 것이 아니라는 사실을 말이다. 6개월 동안 무식하게 책과 씨름했을 뿐 실제로 머리에 남는 것은 하나도 없었고, 책 감상만 했을 뿐 진정한 독서의 즐거움도, 독서의 유익함도, 진짜 독서도 경험하지 못했던 것이다.

필자는 6개월 동안의 독서 방황을 통해 비로소 한 권의 책을 읽어도 제대로 읽고 이해하고 변화되는 것이 가장 중요하다는 것을 깨닫게 되었고, 그때부터 내가 읽고 이해할 수 있는 책부터 다시 읽기 시작했다.

중년의 나이에 자존심이 상했지만 《청소년을 위한 자본론》, 《원숭이도 이해하는 자본론》 같은, 즐기면서 읽을 수 있는 책들부터 읽기 시작했다. 그러한 책들이 한 권 두 권 쌓이다 보니 어느새 수준 높은 책들을 즐기면서 읽게 되었다.

고전은 반드시 읽어야 한다. 그러나 처음부터 고전을 읽는 것은 결코 권하고 싶지 않다. 계단처럼 하나씩 밟고 올라가야 한다. 위대한 성공을 거둔 위인들이 대부분 밑바닥부터 시작하는 것처럼 말이다.

"만 권 독서도 한 권 독서에서부터 시작된다."

필자가 도서관에서 경험한 기적은 수준 높고 깊이 있는 책들을 엄청나게 많이 읽었기 때문이 아니다. 솔직하게 말하면 이런 책들은 지금도 읽기 힘들다. 대신 필자는 그 어떤 책도 마다하지 않고 모두 섭렵하는 독서광이다. 그렇게 다양하고 폭 넓은 견해와 생각들을 접하다 보면 사고가 매우 유연해지고, 창조적이 되는 것을 느낀다. 새로운 것들에 대한 많은 영감과 아이디어를 얻기도 한다. 이 세상에 수준이 낮고 형편없는 책은 없다. 수준이 낮고 형편없는 독해력이 있을 뿐이다.

기억하자. 우리 인생의 기적은 수준 높은 고전에서부터 시작하는 것이 아니라 수준이 낮은 책에서 시작된다는 것을 말이다.

우리는 너무 중간 과정을 무시하고, 결과만을 보는 경향이 강하다. 그런 점에서 내 인생의 작은 기적은 3년 만 권 독서에서 비롯된 것이 아니라, 한 권 독서로부터 시작되었다고 말할 수 있다.

인생 최고의 책을 찾아 헤매는 어리석음을 범하지 마라. **오늘 읽은 한 권의 책을 통해 종이 한 장 차이만큼, 눈에 띌 만큼은 아니지만 조금이라도 달라지고 변했다면, 그 책이 당신의 미래를 바꿔주는 인생 최고의 책이다.** 남들이 훌륭하다고 말하는 양서가 아니라 그 책이 바로 당신 인생에서 최고의 책인 것이다.

그러므로 날마다 읽는 책을 내 인생 최고의 책으로 만들어야 한다. 인생 최고의 책은 세상 어딘가에 존재하는 것이 아니라, 바로 지금 당신의 두 손에 있는 책이다.

인생 최고의 책은 찾는 것이 아니라 당신 스스로 만들어 나가야 한다. 지금 읽고 있는, 당신의 두 손에 들려 있는 바로 그 책을 인생 최고의 책으로 만드느냐 아니냐 하는 것은 당신의 독서법에 달려 있다.

당신에게 필요한 것은 제대로 된 독서관과 올바른 독서법이다. 지금 읽고 있는 그 책을 인생 최고의 책으로 만들 수 있는 사람은 많지 않다. 바로 이런 이유에서 좋은 독서법이 필요하다. 얼마나 많은 책을 인생 최고의 책으로 만드는지가 인생을, 미래를 좌우하기 때문이다. 그 방법을 소개하고자 이 책을 집필했다.

 차례

프롤로그_ 단 한 권의 책도 절대 무시하지 마라 • 5

이 책을 시작하기에 앞서 • 14

제1장 한 권의 독서가 당신 인생을 좌우한다

01 독서가 힘든 당신에게 • 21
02 책을 읽는다는 것은 인생이 바뀐다는 것이다 • 25
03 한 사람의 인생은 그가 읽은 책이 결정한다 • 30
04 매일 만나는 책들이 내 인생을 바꾼다 • 34
05 1만 권의 독서에서 얻은 한 가지 깨달음 • 39
06 왜 읽어야 하는가? • 44

제2장 최고들은 어떻게 독서에 집중할까?

01 성공한 사람들은 정말 책을 읽고 인생이 변했을까? · 53
02 최고가 된 사람들은 책을 읽으면서 무슨 생각을 할까? · 59
03 책을 읽고 어떻게 체화해야 할까? · 63
04 최고들은 어떻게 책과 인생을 접목시킬까? · 68
  최고의 인재들은 어떻게 책과 인생을 접목시킬까? ① · 72
  최고의 인재들은 어떻게 책과 인생을 접목시킬까? ② · 73
  최고의 인재들은 어떻게 책과 인생을 접목시킬까? ③ · 74
  최고의 인재들은 어떻게 책과 인생을 접목시킬까? ④ · 76

제3장 독서하는 습관이 인생에서 가장 중요하다

01 책 읽는 습관은 운명을 바꾸는 시발점 · 79
02 3번 읽기 독서 습관 · 82
  마오쩌둥의 독서 명언 · 86
03 '원 북 원 센텐스' 독서 습관 · 87
04 '초서' 독서법 · 91
  정약용의 독서 명언 · 95
05 3년 독서 습관 · 96
06 속독법, 패스트 리딩의 착각 · 102
07 슬로 리딩부터 시작하라 · 107
  도서관 100% 활용법 · 111

제4장 운명을 바꿀 수 있는 유일한 것이 독서다

01 자신이 편한 책은 한번쯤 의심해봐라 · 117
02 다양한 분야를 넓고 깊게 읽어라 · 122
03 통찰력을 키우려면 질문을 던지며 읽어라 · 125
04 어떤 생각을 하며 읽느냐가 중요하다 · 130
05 읽기와 쓰기를 병행하라 · 135
　　독서노트 작성 원칙 · 142

제5장 기적은 한 권의 책으로부터 시작된다

01 리더들이 책을 손에서 놓지 않는 이유 · 145
02 아침에 일어나 세수를 하듯이 독서를 하라 · 149
03 편협한 사고방식을 경계하라 · 154
04 독서는 겸손이다 · 160
05 자신의 사고 틀에서 벗어나 독서를 하라 · 165
06 책을 읽었다면 의식이 달라져야 한다 · 171
07 그럼에도 다독을 해야 하는 이유 · 176

제6장 인생의 중요한 순간에 이 책을 읽어라

01 신입사원을 위한 추천도서 《왜 일하는가》 · 183
　　신입사원을 위한 추천도서 리스트 · 188
02 성장하고 싶은 사람을 위한 추천도서 《어떻게 배울 것인가》 · 189
　　성장하고 싶은 사람을 위한 추천도서 리스트 · 193
03 리더를 위한 추천도서 《도쿠가와 이에야스 인간경영》 · 194
　　리더를 꿈꾸는 사람을 위한 추천도서 리스트 · 197
04 험난한 세상을 살아가는 처세술 《중국 3천년의 인간력》 · 198
05 내 인생을 바꾼 책 《익숙한 것과의 결별》 · 203
　　인생에 도움이 되는 추천도서 리스트 · 206

에필로그_ 단 한 시간의 독서라도 절대 무시하지 마라 · 209
주석 · 213
참고도서 · 220
참고기사 · 224

이 책을 시작하기에 앞서

"독서를 잘하는 비결이 따로 있나요? 어떻게 그렇게 많은 책을 읽고 수십 권의 책을 쓰게 되셨나요?"

독서에 무슨 비법秘法이 있는가 하는 분들도 있을 것이다. 그런데 독서법에 대한 강의 요청은 생각 외로 많다. 그리고 독서법 강의를 가보면 빈자리 없이 가득 찰 정도로 관심이 많다. 중·고등학생, 대학생, 학부모, 직장인, 은퇴를 하고 제2의 인생을 준비하는 분 등 다양한 나이대의 사람들이 독서법 강의를 들으러 온다. 독서에 대해 그만큼 잘하는 방법을 궁금해 하는 사람들이 많다는 반증일 것이다.

그렇다면 독서법에 대해 왜 이렇게 궁금해 하는 사람이 많은 것일까? 그렇다고 대한민국 국민들이 책을 많이 읽는 것도 아니다. 한 달 평균 독서량이 중국인 3권, 미국인·일본인 6권에 비해

0.8권 정도로 한국인들은 책을 적게 읽는다.

어느 날 《생각하는 인문학》의 이지성 작가가 '다음편딩'에 연재한 〈우리는 불행하게 살도록 교육받았다〉라는 글을 읽고 큰 충격을 받았다.[2] 불행하게 사는 이유는 '교육' 때문으로, 공부 스트레스에 초·중·고등학생들이 자살을 생각할 정도로 힘들어한다는 내용이었다. 이 글을 보고 독서 역시 공부를 잘하기 위한 방편이 되면서 즐거움이 아니라 스트레스 받는 일이 되어버렸다는 생각이 들었다.

모의고사 국어 지문을 빨리 읽기 위한 책 읽기, 창의력을 높이기 위한 독서, 부모님·선생님이 읽으라고 지정해준 독후감 리스트… 독서가 대입시험 준비를 위해, 승진시험을 위해 꼭 해야 할 일이라고 생각하니 흥미도 관심도 떨어지는 것이다. 독서는 무의식중에 너무 싫은 일, 야단맞지 않기 위해 억지로 해야 하는 일이 되어 버렸다.

독서는 스트레스가 되지 말아야 한다.

빌 게이츠는 '나를 키운 건 동네 도서관이었다'고 말했고, 오프라 윈프리는 '책을 읽는 것이 자신이 가진 유일한 즐거움이었다'고 말한다.

우리가 독서를 해야 하는 이유가 바로 여기에 있다. 갈등과 고

민에 빠져 있을 때 우리에게 길을 알려주는 것이 책이기 때문이다.

"책 읽는 습관을 기르는 것은 인생에서 모든 불행으로부터 스스로를 지킬 피난처를 만드는 것이다"라는 서머싯 몸의 말처럼 독서는 그 자체로 삶을 사는 힘이 된다.

운명을 바꾸는 독서법

필자가 대기업을 그만두고 갈 곳 없는 백수였던 시절, 도서관에서 아침부터 저녁까지 3년 동안 책만 읽었다. 그 책들이 장래에 필자의 인생을 어떻게 바꿀지 당시의 필자는 전혀 알지 못했지만 그것으로 필자의 인생은 바뀌기 시작했다. 백수에서 작가가 되었고, 평범한 직장인 출신에서 독서법 강사로 전국에서 강의를 하는 위치에 오른 것이다. 이 3년 동안의 지독한 독서 경험을 통해 깨달은 사실은 '독서가 사람을 바꾸고 성장시켜 준다'는 것이다. 독서는 삶을 바꾸는 도구이며, 사람을 성장시켜 주는 인류 최대의 발명품임에 틀림없다. 독서가 생각을 바꾸고, 생각이 바뀌면 자연스럽게 그 사람의 인생이 달라진다. 결국 독서를 통해 우리는 전혀 다른 인생을 살수도 있다.

하지만 무조건 독서라고 해서 다 효과가 좋은 것은 아니다.

제대로 된 독서법에 대해 강조하는 이유는 **'읽었다고 해서 다 독서한 것은 아니다'**라는 체험 때문이다. 필자는 2년간 〈독서 혁명 프로젝트〉 프로그램을 운영하면서 변화가 없는 수동적인 독서가 아니라, 생각이 변하고 의식적이고 능동적으로 삶이 바뀌는 진짜 독서를 해야 한다는 것을 상당한 경험을 통해 깨달았다.

이 책은 책 읽기에 흥미를 느끼고 싶어하는 독자들을 위한 책이다. 도대체 어떻게 책을 읽어야 시간 낭비가 아닌, 인생을 바꾸는 위대한 책 읽기가 되는 것인지에 대해 다룰 것이다. 잘못된 독서법에서 벗어나 인생을 바꾸는 독서법이란 어떤 것인지에 대해서도 다루고자 한다.

어떻게 독서를 해야 자신이 성장하는 것인지 방향을 찾는 데 이 책은 좋은 길라잡이가 되어줄 것이다. 변화가 없는 가짜 독서, 수동적 독서에서 벗어나 삶이 바뀌는 진짜 독서에 도전해보라.

:
:
:

한 권이 모여 두 권이 되고,
두 권이 모여 세 권이 된다.

그리고 그렇게 한 권씩 늘어나다 보면
멀지 않아 결국 천 권이 되고 만 권이 되는 것을
나는 경험했다.

한 권의 책을 통해 변화되는 것은 눈에 띄지 않을 만큼,
즉, 종이 한 장 차이만큼의 작은 차이지만
그 종이 한 장 차이가 천 번이 되고, 만 번이 되면
한 인간을 송두리째 뒤바꿀 수 있는 거대한
의식 혁명이 일어난다는 것을
나는 경험했다.

제1장

한 권의 독서가 당신 인생을 좌우한다

"얼마나 많은 사람들이 책 한 권을 읽음으로써
인생에 새로운 전기를 맞이했던가."
_ 헨리 데이빗 소로우, 《월든》 작가

독서가 힘든 당신에게

01

 "드라마는 집중해서 밤 새고도 봅니다. 게임은 10시간 이상 앉아서 해도 전혀 지루하거나 힘들지 않아요. 그런데 책은 1시간만 보면 한계네요. 주변에서 독서를 해야 지식이 쌓인다, 많이 읽을수록 좋다는 말을 자주 들었지만 힘이 듭니다. 독서를 하고 싶은데 왜 잘 안 되는 걸까요?"

 필자는 이런 말을 들을 때마다 우리가 받아온 독서법 교육이 잘못되었다는 생각을 한다. 한국인들의 평균 독서량이 저조하다는 것은 잘 알려진 사실이다. 그나마 초등학교 저학년 때는 위인전, 동화책, 학습만화책 등 억지로라도 책을 보지만 3~4학년 정도를 기점으로 학습적인 면을 강조한, 교과과정과 연계된 독서만 한다. 독해력·어휘력을 기르기 위한, 국어 성적을 올리기 위한 독서법을 교육받는 것이 현실이다. 그렇기 때문에 독서는 즐겁고 유쾌한 활동이 아니라 어렵고 힘든, 인내하며 억지로 해야 하는 일이 되었다.

어떤 사람에게는 독서가 죽기보다 싫은 것일 수도 있다. 2012년부터 올바른 독서법을 전파하기 위해 대학 강단, 도서관, 문화센터, 청소년 단체 등에서 수많은 청중을 만나고 강의를 하면서 느낀 점은 생각보다 독서를 힘들어하는 사람들이 많다는 점과 글을 읽을 때, 독서를 할 때 대충 읽고 있다는 것이다. 과연 그 이유가 무엇일까? 기계적으로, 수동적으로 읽는 독서법에 익숙해져 있기 때문이 아닐까 싶다. 이런 수동적인 독서는 흥미를 잃게 하고 결과적으로 오래가지 못한다.

'**읽은 것을 눈앞에 그려보도록 해야 한다**'는 미국의 생물학자 오즈월드 에이버리의 말처럼 수동적인 독서법으로는 재미를 얻기 힘들다. 효과도 없다. 독서가 힘이 든다는 선입견만 강해질 뿐이다.

그러나 제대로 독서하는 법을 배우고, 올바른 독서 습관을 익힌다면 독서의 재미에 푹 빠지게 된다. 독서를 제대로 하면 필자처럼 평범한 사람도 한 분야에서 비범한 성과를 창출해낼 수 있는 사람으로 바뀔 수 있다. 독서를 어떻게 하느냐에 따라서 독서의 결과는 큰 격차가 발생할 수 있다.

나에게 맞는 독서법을 알고 있는가?

"책을 많이 읽어야 할 텐데 책 읽기에 흥미가 안 가요"라고 고민하는 사람들에게는 미안하게도 일주일만 따라 하면 완벽하게 마스터할 수 있는 독서 비법 같은 것은 없다. 독서는 매일 꾸준히 읽는 습관을 몸에 익혀야 잘 읽을 수 있게 된다. 그렇다고 매일 글을 읽는 것만 가지고 올바른 독서법이라고 할 수는 없다.

독서가 힘들다면 독서하는 방법을 잘못 알고 있는 것은 아닌지 점검하는 것이 중요하다. 독서는 거울과 같다. 자신의 독서력이 초등학교 수준밖에 못 된다면 수준 높은 책을 정독한다는 것 자체가 힘든 일이 될 것이다. 다 읽는다 하더라도 한 권의 책을 읽었다는 자기만족만 될 뿐 배우는 것은 거의 제로에 가깝게 된다는 것을 알아야 한다.

독서를 즐겁게 했던 경험이 없는 것도 이유이다. 중·고등학교 때는 공부를 해야 했고, 대학 때는 취업을 해야 했고, 직장생활을 하면서는 먹고 살기 위해 바쁘다보니 필자 역시 독서를 할 줄 모르는 사람이었다. 부산에 있는 도서관으로 매일 출근 아닌 출근을 하던 시절 독하게 독서를 해보자는 생각으로 6개월간 하루 15시간씩 책을 읽으며 시행착오를 거친 후에야 '나만의 독서법'을 찾을 수 있었다.

"독서성향이 아니어서" "책을 좋아하지 않아서" "독서가 힘들어서" 책을 읽지 않는다면 아직 자신에게 맞는 독서법을 찾지 못한 것일 뿐이다.

책을 읽는다는 것은
인생이 바뀐다는 것이다

02

　불황이라는 일본 출판계에 120여 만 부의 판매고를 올리며 신드롬을 일으킨 책이 있다. 바로 《불꽃火花》이라는 책이다. 권위 있는 문학상(아쿠타가와 상)까지 받은 《불꽃》을 쓴 작가는 소설가나 문학가가 아닌 마타요시 나오키라는 일본 개그맨이다. 그는 유명하지도 않고 인기도 없는 그저 그런 개그맨으로, 길에 떨어져 있는 돈을 줍기 위해 돌아다닐 정도로 가난했다고 한다. 평범한 개그맨이 최고의 작가가 될 수 있었던 밑천은 '독서'였다고 마타요시는 말한다. 만 35세인 그는 지금까지 2,000권이 넘는 책을 읽었고, 다자이 오사무의 책을 좋아해 《인간실격》은 형광펜으로 줄을 그어가며 100번 정도 읽었다고 한다. 이렇게 헌책방을 드나들며 책을 읽고 처음 쓴 소설이 100만 부가 넘게 팔리고, 인생 역전을 이루게 된 것이다.

　서른 살이 넘었는데 직장은 없고, 8년 동안이나 대학원에서 공부를 했지만 매번 생활비를 걱정해야 할 정도라면 누구나 스트레스를 받을 것이다. 게다가 논문도 인정받지 못하고 또래보다 뒤쳐져 있다면 현실이 암담하고 인생의 돌파구가 보이지 않을 것이다. 이 서른 살 빈털터리 대학원생에게 미래가 있다고, 메이지대학의 교수가 되고 일본 최고의 교육심리학자가 된다는 미래가 있다고 누가 믿을 수 있을까?

　"꾸준히 읽는 사람만이 인생을 바꿀 수 있다." 사이토 다카시는 일주일에 10권씩, '매일 책 읽기'를 거르지 않았다고 말할 정도로 엄청난 독서광으로 알려져 있다. 그에게 독서는 대체 불가능한 경쟁력을 가질 수 있는 유일한 돌파구였기 때문이었다.

　"매일 한 권의 책을 읽는 것만이 평범한 우리가 경쟁력을 쌓을 수 있는 유일한 방법이다."[3]

　그는 《독서는 절대 나를 배신하지 않는다》에서 서른 살 빈털터리 대학원생이 메이지대학의 교수가 될 수 있었던 돌파구가 바로 '매일 책 읽기'였다고 말한다.

무명 개그맨에게 일본 최고의 문학상을 받는 미래가 있다고는 아무도 생각하지 못했을 것이다. 생활비를 걱정하던 대학원생에게 300만 독자를 사로잡는 베스트셀러 작가이자 인기 교수가 되는 미래가 있다고는 믿지 못했을 것이다. 이들의 믿을 수 없는 성공 뒤에는 '꾸준한 독서'가 있었다.

책을 읽는다는 것은 인생이 바뀐다는 것을 의미한다. 책을 읽는다고 해서 현실은 곧바로 바뀌지 않는다. 그러나 그 현실을 살아가는 사람은 바뀐다. 독서를 하는 동안 생각하는 힘, 나와 타인 나아가 세상을 이해하는 힘이 길러져 삶의 어떤 위기가 와도 흔들리지 않을 수 있는 단단한 내공이 쌓이기 때문이다.

**미래가 불투명할수록
독서를 해야 하는 이유**

KBS TV 수요기획으로 〈세상을 이끄는 1%, 천재들의 독서법〉이라는 제목의 프로그램이 방영된 적이 있다. 천재라고 알려진 특별한 사람들은 남다른 독서법을 알고 있는 것일까?

발췌해서 읽는다는 사람, 속독·다독을 한다는 사람, 한 분야만 집중해서 읽는다는 사람도 있었다. 방송을 보고 '천재의 독서법은 이것이다'라고 정의하기는 어려웠지만 공통점은 독서가 중요하다는 것이었다. 방송에는 이런 말이 나온다.

"천재도 입력된 것이 있어야 천재다."

많은 사람들이 에디슨을 가리켜 '천재발명가', '발명왕'이라고 부른다. 그런데 어린 시절 에디슨은 엉뚱한 질문을 하여 수업을 방해하고 결국 학교 교육 부적응으로 학교에서 쫓겨난 문제아였다.

"나의 피난처는 디트로이트 도서관이었습니다. 나는 맨 아래 칸 왼쪽의 책부터 맨 윗줄 오른쪽의 책까지 순서대로 읽었습니다. 문고판, 백과사전, 전집을 가리지 않고 읽었습니다."

에디슨의 피난처는 책을 읽는 것이었다. 사람은 세상만사가 자신의 뜻대로 되지 않을 때, 원하던 일이 잘 안 풀릴 때 몸과 마음을 쉴 피난처를 찾는다. 피난처가 없는 사람은 위기상황일 때 몸과 마음을 보존할 수 없게 되어 그대로 인생이 끝날 수 있지만, 피난처가 있는 사람은 몸과 마음을 보존할 수 있게 되고 언제든 새로운 인생을 위해 도전할 수 있게 된다.

미래가 불투명하고, 자신의 인생이 심하게 흔들리며, 어떤 삶을 살아야 할지조차 눈에 보이지 않을 때가 있을 것이다. 그때 가장 집중해서 해야 할 것이 있다면 바로 독서다. 독서를 하면 자신의 길이 무엇인지, 어떤 삶을 살아가야 할지를 알게 되기 때문이다. 책을 읽는다는 것은 인생이 완전하게 바뀔 수 있는 가능성의 문을 여는 것이다.

한 사람의 인생은
그가 읽은 책이 결정한다

03

　한 도서관의 사서는 도서관을 찾는 사람들에게 위인전을 읽으라고 권한다고 한다. 서가에는 다양한 위인전이 많지만 일 년 동안 한 권도 대출해가는 사람이 없었기 때문이다.
　어떤 책을 읽느냐에 따라 인생이 전혀 다르게 바뀐 사람들이 적지 않다. 15세가 될 때까지 글 쓰는 법조차 제대로 배우지 못하고, 집이 너무 가난해서 책을 살 수 없어 이웃집에서 책을 빌려다 읽어야 했던 한 소년이 있었다. 어느 날 빌려온 《조지 워싱턴의 전기》를 읽고 자신도 워싱턴과 같은 대통령이 되겠다고 결심했다. 빌려 읽은 책으로 자신을 더 나은 존재로 만들어 나간 사람은 바로 미국의 대통령이었던 링컨이다. 이처럼 누군가의 인생을 완전하게 바꾸어 놓을 만큼 어떤 책을 읽느냐에 따라 독서는 힘이 세고 강력하다. 한 권의 책을 읽는 것은 한 개의 작은 세상을 경험하는 것이다. 1,000권의 책을 읽는 것은 1,000개의 작은 세상을 경험하는 것이다. 작은 세상이지만 천 개가 모이면 큰 호수도, 대양도 될 수 있다. 한 권의 책은 하나의 작은 세계로 인도하지만, 그러한 작은 세계가 몇 백 개가 되고, 몇 천 개가 되면 그로 인한 시너지 효과는 우리의 상상을 초월하게 된다.

여행 10년보다 독서 1년에서 더 많은 것을 배운다

"중학교에 올라가는 순간 더 이상 입시와 무관한 책은 읽을 수 없습니다. 심지어 책 읽으면 손해라고 생각하죠. 그러니 대학 들어가서는 좀 어려운 책은 읽지를 못합니다. 읽어도 취업서입니다."[4]

서울대 장대익 교수는 한 언론과의 인터뷰에서 한국의 독서 현실에 대해 이렇게 분석했다. 어릴 때 책을 많이 읽던 아이도 학년이 올라갈수록 독서가 우선순위에서 밀리게 되고, 나중에는 독서 자체를 멀리하게 된다는 것이다.

일본 '지知'의 거장이라 불리는 다치바나 다카시 교수 역시 《도

"내가 가장 좋아하는 친구는
책을 한 권 선물하는 사람이다."
_ 링컨

쿄대생은 바보가 되었는가》에서 입시에 필요한 내용만을 가르치는 교육이 교양을 제대로 쌓지 못하게 했다고 비판했다. 그는 일본의 주입식 교육의 문제점을 '암기 천재를 원하는 교육'이라고 표현했다. 《도쿄대생은 바보가 되었는가》는 일본의 이야기지만 교육과정이 비슷한 우리나라 현실과 별반 다를 것이 없다. '공부에 도움이 안 되면, 취업에 도움이 안 되면 책을 안 읽는' 것이 한국의 현실이다. 그러다 보니 독서의 즐거움을 제대로 알지 못하는 사람들이 많아졌다는 것이 필자의 생각이다. 독서를 한 후 자신이 달라지는 체험을 하지 못한 것이다. 필자 역시 제대로 독서를 하기 전까지는 이런 경험을 단 한 번도 해본 적이 없다. 실제로 3년 동안의 독서를 하고 나서야 의식의 큰 변화와 성장을 경험할 수 있었다.

평범한 인생을 10년 사는 것보다 여행을 1년 하는 것이 훨씬 더 큰 의식 변화를 불러온다. 그리고 여행 10년보다는 독서 1년이 훨씬 더 큰 의식 변화를 불러온다. 노벨문학상 수상자 오에 겐자부로가 "정녕 제 인생은 책으로 인해 향방이 정해졌음을, 인생의 끝자락에서 절실히 깨닫고 있습니다"라고 말한 이유일 것이다.

매일 만나는 책들이
내 인생을 바꾼다

04

책을 읽는다는 것은 한마디로 인생을 바꿔 새로운 인생으로 개척한다는 것이다.

"당신의 인생을 가장 짧은 시간에 가장 위대하게 바꿔줄 방법은 무엇인가? 당신은 결코 독서보다 더 좋은 방법을 찾을 수 없을 것이다."

워런 버핏의 말처럼 책을 통해 당신은 새로운 인생을 만들 수 있다. 기회가 생긴다는 의미이다.

책을 읽는다는 것은 비행기가 이륙을 준비하는 것과 닮은 점이 있다. 이륙을 하기 위해서는 비행기에 기름을 넣고 정비를 하고 가고자 하는 목적지까지의 항로를 점검해야 한다. 또한 비행기가 높이 이륙하기 위해서는 그만큼 추진력을 더 얻기 위해 더 오래, 더 많이 활주로 위를 달려야 한다. 하지만 비행기가 비행할 생각을 아예 하지 않거나 하더라도 기름이나 항로 체크 같은 준비를 하지 않으면 쇳덩어리에 지나지 않는다. 비행기가 이륙하지 못하고 활주로 위에서만 달린다면 도로 위를 달리는 자동차나 버스와 다를 것이 없다.

비행기가 잘 이륙할 수 있기 위해 여러 준비를 하듯 일과 삶에서 내가 성장하고, 후회하지 않는 삶을 살 수 있도록 준비하는 것이 '책 읽기'이다.

"남의 책을 많이 읽어라. 남이 고생한 것을 가지고 쉽게 자기 발전을 이룰 수 있다"는 소크라테스의 말처럼 남이 고생해서 터득하게 된 삶의 정수를 쉽게 자신의 것으로 만드는 방법이기 때문이다.

책을 꾸준히 읽은 사람은 지혜와 사고력이 성장하여 중요한 결정을 내릴 때 올바른 선택을 할 수 있다. 하지만 책을 읽지 않은 사람은 눈앞의 문제에만 매달리느라 미래까지 내다볼 식견과 사고력이 부족하고 중요한 결정을 할 때 우왕좌왕 당황하게 된다.

독서는 단순히 지식 습득을 위한 것이 아니다. 미래는 지금보다 훨씬 더 무섭고 복잡하고 경쟁이 심한 세대가 될 것이다. 독서는 그런 시대에 인생을 현명하게 살아가기 위한 나 자신만의 무기를 준비하는 것이다.

**자신에게 맞는
독서법을 찾아라**

독서법만 300가지가 있다는 말이 있다. 같은 책을 100번 읽고 100번 적는 '백독백습百讀百習'을 한 세종대왕의 독서법, 책을 읽을 때 책의 이론과 자신의 생각을 비교하면서 읽고 잘 이해되지 않는 부분은 질문을 적고 메모를 하면서 읽은 뉴턴의 '메모 독서법', 각 분야를 대표하는 명작들 위주로 읽은 뒤 더 어려운 책을 읽은 영국 수상 처칠의 '단계별 독서법', 이 책 저 책 읽기보다 자기가 좋아하는 책을 읽고 또 읽은 독일을 대표하는 작가 헤르만 헤세의 '반복 독서법', 18년간 500여 권의 책을 집필한 다산 정약용의 '초서 독서법', 35세에 마이크로소프트 일본법인의 사장이 된 나루케 마코토가 《책, 열 권을 동시에 읽어라》에서 말한 다양한 분야의 책을 동시에 10권 읽는 '초병렬 독서법' 등 다양한 독서법이 있다.

어떤 독서법으로 독서를 하는가는 그다지 중요하지 않다. **여러 가지 방법 중 자신에게 맞는 방법을 찾으면 된다. 핵심은 책을**

읽되 스스로 잘 소화해서 읽어야 한다는 점이다. 책을 읽을 때 '나 자신'이 중심에 서서 읽는가가 중요하다. '나 자신'이 중심에 없는 독서는 시간낭비에 지나지 않는다는 것이 필자의 생각이다. 주체적으로 소화시킬 수 있어야 깨달음이 있고, 깨달음이 있어야 진짜 독서라고 할 수 있다.

"수천 권의 책을 읽어도 그 뜻을 정확히 모르면 읽지 않은 것과 같으니라. 읽다가 모르는 문장이 나오면 관련된 다른 책들을 뒤적여 반드시 뜻을 알고 넘어가야 하느니라. 또한 그 뜻을 알게 되면 여러 차례 반복하여 읽어 너의 머릿속에서 떠나지 않게 하거라."
-정약용,《유배지에서 보낸 편지》[5]

〈시경강의서詩經講義序〉에서는 독서에 대해 이렇게 말한다.
"독서는 뜻을 찾아야 한다. 만약에 뜻을 찾지 못하고 이해하지 못했다면 비록 하루에 천 권의 책을 읽는다고 해도 그것은 담벼락을 보는 것과 같다."

〈기유아寄遊兒〉에서는 독서하는 자세에 대해 말한다.
"내가 몇 년 전부터 자못 독서할 줄 알았는데 헛되이 마구잡이로 읽으면 하루에 천 권 백 권을 읽어도 오히려 읽지 않음과 같다. 모름지기 독서란 한 글자라도 뜻을 이해하지 못하는 곳을 만나면 널리 고찰하고 자세히 살펴 그 근원을 찾아내야만 한다."

18년 동안 500여 권의 책을 저술한 다산 정약용의 말이다. 그렇다. 책을 읽는다는 것은 어떤 점에서 깨달음을 얻는다는 말이다.

1만 권의 독서에서 얻은
한 가지 깨달음

05

대입 논술을 대비한 국어 지문 읽기, 면접시험을 대비한 독서, 지식을 쌓기 위한 책 읽기, 스트레스를 해소하기 위한 독서, 인생을 바꾸고 싶은 독서 등 독서를 하는 이유는 다르지만 독서 방법은 대부분 비슷하다.

흔히 독서 하면 읽기라고 생각한다. 그러나 독서란 읽기가 전부가 아니다. **독서는 '생각하기'이다.** 보통 책 머리말부터 끝까지 읽으면 한 권의 책을 읽었다고 말한다. 그러나 그 책을 눈으로만 읽었다면 이것은 그 책을 감상한 것이지 제대로 된 독서라고 말하기에는 한계가 있다. 물론 안 읽는 것보다는 낫겠지만 책을 읽어도 하나도 배우지 못했다면, 인생이 달라지지 않았다면, 변화와 성장이 없다면 독서를 했다고 할 수 있을까?

　필자의 경우 책을 제대로 읽기 전과 후를 비교해보면 큰 인식의 변화가 있었다. 우선 글자를 하나하나 빠뜨리지 않고 다 읽는 게 독서가 아니라는 것을 깨달았다. 회사를 그만두고 도서관에서 책을 읽던 시절 처음 책 한 권을 읽는데 3주라는 시간이 걸렸다. 그런데 그렇게 토씨 하나 놓치지 않고 읽었어도 나중에 머릿속에 남는 것은 하나도 없었다. 한 권을 읽는 동안 시간은 터무니없이 오래 걸렸는데 남는 게 없다니! 그러고 나서야 독서를 한 후 머릿속에 남고 그것을 자기 것으로 만드는 것이 진짜 독서라는, 독서에 대한 인식 변화가 일어났다.

　일본 메이지대학 교수이자 다독가인 사이토 다카시는 "내가 말하는 '읽기'란 글의 내용을 정확히 이해하는 것이다. 단순히 '첫 페이지부터 마지막 페이지까지 눈으로 보았다'는 것을 의미하는 것이 아니다. 뇌가 거의 정지된 상태에서 눈알만 움직이며 글자를 따라가는 것은 '읽었다'는 판단 기준에 들어가지 못한다"고 말한다.[6] 스트레스를 푸는 활동으로 독서를 한다면 읽는 것으로 끝나겠지만, 새로운 지식과 정보를 얻기 위한 독서라면 '무조건 읽는다고 다 독서는 아니다'.

　그냥 읽는 것과 정신을 집중해서 책을 읽는 것은 천지차이다.

눈으로 읽는 것과 손과 의식을 사용해서 혼신을 다해서 책을 읽는 것은 다른 것이다.

명심하자. 눈으로 하는 독서와 손까지 사용하면서 읽고 쓰고 요약하는 독서는 정말 다른 것이다.

단순히 읽는 것이 아니라 사고를 확장시켜야 한다

대한민국은 책을 안 읽어서 문제라고들 한다. 그래서 만화로 된 역사책이라도 안 보는 것보다는 낫다고 들 한다. 물론 초등학생들은 다양한 책을 많이 볼수록 좋지만, 성인들은 책을 읽는 이유가 '새로운 지식과 정보를 얻기 위해서'(23.9%), '교양을 쌓고 인격을 형성하기 위해서'(18.4%)[7]임을 감안한다면 지식과 교양을 쌓을 수 있는 독서법으로 읽어야 한다.

시카고대학 법철학과 교수였던 모티어 애들러 역시 단순히 양만 늘려가는 것을 독서라고 말하지 않는다. '책 읽기 능력'이 떨어져 독서를 힘들어하는 신입생들을 위해 집필한 《독서의 기술》에서 애들러는 이렇게 말한다.

"독서에는 정보를 얻기 위한 독서와 이해를 깊이 하기 위한 독서가 있다. … 신문·잡지와 같은 것을 읽는 경우 … 정보의 양을 증가시켜 줄 뿐이지 이해를 깊이 하는 데는 도움이 되지 않는다. … 저자가 말한 것뿐만 아니라 그 의도나 이유를 이해해야만 비로소 무엇인가 가르침을 받은 것이 된다."[8]

독서는 이해하고, 생각하며 자신의 것으로 만들 때 비로소 독서라고 할 수 있다. 그래서 책을 읽고 나서 변하지 않으면 독서라고 할 수 없다고 필자는 감히 말한다.

독서의 가장 큰 유익은 사고의 확장이다. 수많은 책을 읽더라도 이를 생각으로 구체화시키지 않는다면 그냥 스쳐지나가는 풍경처럼 스쳐지나갈 뿐, 사고력의 확장으로 이어지지 않는다. 읽고 끝나는 수박 겉핥기식의 독서, 대입이나 승진을 위한 수험용 독서 등도 마찬가지이다. 대부분의 사람들이 독서를 할 때 눈으로만 읽을 뿐 책의 세계를, 저자의 의도를 깊게 파헤쳐서 읽지 못하는 것이 현실이다.

책을 읽는 것은 지식 습득을 위한 가장 기본적인 행동이라고 할 수 있다. 그러나 단순히 어휘력을 기르기 위해 권수의 양을 늘리는 독서는 올바른 독서가 아니다. 비판적으로 책을 읽고 그 책에 대해 말과 글로 의견을 표현할 수 있을 때 진정한 독서라고 할 수 있다. **책을 통해 자신의 생각과 의식이 달라지면, 자연스럽게 행동이 바뀌고, 태도가 달라지면 인생도 달라진다.** 어떤 생각을 하며 어떤 의식으로 살아가느냐에 따라서 동일한 현실과 환경 속에서 살아간다 해도 전혀 다른 인생을 살아낼 수 있다.

왜
읽어야 하는가?

06

"책은 왜 읽어야 하죠?"

독서는 당연히 해야 하는 것이라고 생각하는 사람들에게는 다소 '생뚱맞고' 초보 같은 질문일 것이다. 그런데 생각해보면 '책은 왜 읽어야 하는가?'라는 탐색을 진지하게 한 적이 없다. 부모님이나 선생님이 '책 읽어라' 잔소리를 하고, 학교에서나 사회에서 '독서는 성적을 올릴 수 있는 방법'이라는 주입식 교육에 그저 독서는 열심히 해야 하는 것이라고 생각했을 것이다. 지금 자신에게 질문을 던져보라. '왜 읽어야 하는가?'

"책이란 만인의 대학이라고 생각한다. 대학에서도, 대학을 졸업하고 나서도 무엇인가를 배우려고 한다면 인간은 결국 책을 읽지 않을 수 없고, 일생 동안 책이라는 대학을 계속 다니지 않는다면 아무것도 배울 수 없다."[9]

다치바나 다카시는 우리가 책을 읽어야 하는 이유에 대해 "무엇인가를 배우려고 한다면 결국 책을 읽을 수밖에 없다"고 말한다.

예일대의 헤럴드 블룸 교수는 '왜 책을 읽어야 하는가'라는 질문에 독서가 궁극적으로 우리 자신을 스스로 강화하는 것이기 때문이라고 말한다.

"자신만의 판단과 견해를 갖고자 한다면 무엇보다 끊임없이 읽는 것이 중요하다. '무엇'을 '어떻게' 읽을 것인가는 전적으로 독자에게만 달려 있는 문제는 아니다. 하지만 '왜' 읽어야 하는가는 어디까지나 독자의 관심 안에서 이루어지게 된다. 베이컨, 존슨, 에머슨 모두가 동의하듯 우리는 궁극적으로 자아를 발전시키기 위해서 독서를 한다. 즉 자아의 진정한 관심사를 알기 위해 읽는다."[10]

필자의 경우에는 책을 읽는 것이 내 인생의 전부라고 생각했기 때문에 책을 읽는다.

"평소에 독서하지 않는 사람은 시간적, 공간적으로 자기만의 세계에 감금되어 있다. 그의 생활은 상투적인 틀에 박혀 버린다. 그 사람이 접촉하고 만나서 대화하는 것은 극소수의 친구나 지기 뿐이며, 그 사람이 보고 듣는 것은 거의가 신변의 사소한 일일 따름이다. 그 감금에서 벗어날 길은 없다. 그런데 일단 책을 손에 들면 사람은 즉시 별 세계에 드나들 수가 있다."[11]

중국의 작가 임어당은 책 읽기가 '자기만의 세계에 감금'되어 있던 것에서 벗어나는 것이라고 했다.

평소에 책을 읽는 사람과 그렇지 않은 사람은 지금 당장 차이가 없어 보이겠지만 갈수록 큰 격차가 생긴다. '읽기의 마법'이 시작되는 것이다. 현실에서 아등바등 살아가는 사람, 현실이라는 울타리를 마음껏 벗어나 더 큰 세계를 경험하며 살아가는 사람, 그 차이는 책 읽기에서 비롯된다.

큰 배를 띄울 수 있는 물을 만들어라

'제갈량이 왔다가 울고 가겠다'라는 속담이 있다. 《삼국지》를 안 읽은 사람은 '무슨 속담이지?' 어리둥절하겠지만 읽은 사람은 빠르고 정확하게 이해할 것이다. 《삼국지》를 안 읽은 사람에게는 이 속담이 '지혜와 지략이 매우 뛰어난 사람을 비유적으로 이르는 말'이라는 설명과 함께 《삼국지》에 나오는 유비와 제갈량의 관계, 제갈량의 활약상까지 설명해야 이해할 수 있다.

'적대관계에 있는 두 집안의 아들과 딸이 만나 사랑에 빠지다!' 드라마나 연극에서 자주 볼 수 있는 스토리이다. 그런데 셰익스피어의 《로미오와 줄리엣》을 읽은 사람에게는 너무나 익숙한 스토리 구성일 것이다. 영국의 작가 셰익스피어는 450년 전에 태어나 작품 활동을 한 역사 속 인물이지만, 그의 작품 속 캐릭터나 인물 묘사, 인간 심리는 현대의 연극, 영화, 드라마에 여전히 영향을 미치고 있다. 셰익스피어의 작품들은 현대의 경영학자들이나 정치가들에게도 훌륭한 길잡이 역할을 한다.

독서를 안 해도 충분히 잘 살아갈 수 있다고 생각하는가? 아니다. 남들은 이해하고 아는 것을 자신만 이해하지 못한 채 하루하루 보내고 있는 것에 지나지 않는다. 책 읽기를 등한시 여기면 안 되는 이유는 일상생활에서 쓰는 말과 보는 것이 책과 연관돼 있기 때문이다. 책 읽기를 통해 우리는 스스로 성장시켜 나갈 수 있다.

중국의 사상가 장자는 "괸 물이 깊지 않으면 큰 배를 띄울 힘이 없습니다. 바람이 충분하지 못하면 큰 날개를 띄울 힘이 없습니다"[12]라고 말한다. 장자는 '괸 물'이 방바닥 우묵한 곳에 부을 정도의 고인 물이라면 지푸라기는 띄울 수 있지만 잔을 얹으면 바닥에 닿는다고 경고한다. 물이 얕은데 잔이 너무 크기 때문이다. 그러나 저수지나 댐에 고인 물이라면 배도 충분히 띄울 수 있다.

'큰 배'를 띄우려면 우선 자신이 깊은 물이 되어야 한다. 큰일을 목표로 삼고 해내려면 그 일을 해낼 만한 깊은 통찰력과 사고력을 갖추어야 한다는 말이다. 의식수준이 높은 사람은 큰일을 목표로 삼았을 때 해낼 수 있지만, 그렇지 못한 사람들은 아무리 큰일을 하고 싶고 높은 목표를 설정한다고 해도, 갖고 있는 역량이 부족해 목표를 달성할 수 없다.

바로 책 읽기를 통해 자신의 의식수준을 높이고, 사고력과 통찰력을 향상시켜야 하는 이유이다. 책을 읽는다는 것은 큰 배를 띄울 수 있는 물을 만드는 과정이다.

책을 제대로 많이 읽을수록 더 지혜로워진다.

책을 제대로 많이 읽을수록 더 세상을 통찰할 수 있게 된다.

책을 제대로 많이 읽을수록 더 사고가 유연해진다.

책을 제대로 많이 읽을수록 더 창조적이 되고, 창의력이 향상된다.

책을 제대로 많이 읽을수록 더 큰 인생을 만들어 나갈 수 있게 된다.

책을 제대로 많이 읽을수록 우리의 인생에 기적을 더 많이 만들 수 있다.

책을 제대로 많이 읽을수록 점점 더 운이 좋은 사람이 될 수 있다.

책을 제대로 많이 읽을수록 점점 더 새로운 삶을 만들어 나갈 수 있게 된다.

제2장

최고들은 어떻게 독서에 집중할까?

"좋은 책을 읽는 것은
과거 몇 세기의 가장 훌륭한 사람들과
이야기를 나누는 것과 같다."

_ 데카르트

성공한 사람들은
정말 책을 읽고 인생이 변했을까?

01

 한 권의 책이 인생을 바꿀 수 있을까? 미국 뉴햄프셔의 가난한 시골에서 태어난 오리슨 스웨트 마든은 열 살도 안 돼 아버지와 어머니를 모두 잃었다. 어린 나이에 그는 제대로 먹지도 못한 채 하루 종일 고된 노동에 시달려야 했다. 교육도 제대로 받지 못한 그의 인생은 암울했다. 그런데 우연히 시골 농장에서 발견한 새뮤얼 스마일즈의 《자조론》을 읽고 마든은 '미국의 새뮤얼 스마일즈가 되어서 많은 청소년들에게 삶의 방향을 잡아주는 삶을 살겠다'고 결심한다. 이를 계기로 독서를 시작해 보스턴 로스쿨과 하버드 의대에서 각각 학위를 따고, 스티븐 코비 등 성공학 거장들이 한목소리로 꼽는 정신적 스승이 되었다. 마든은 책을 통해 자신의 미래를 스스로 창조해 낼 수 있는 용기와 의식을 새롭게 얻었던 것이다.

책을 읽고 인생이 송두리째 바뀐 사람들은 많다. 링컨, 오프라 윈프리, 에디슨, 뉴턴, 모택동 등 역사적으로 위인으로 꼽히는 인물들의 공통점은 유명한 독서광이라는 점이다.

태어난 지 1년 반 만에 소아마비로 전신이 마비되어 중증 장애인이 되어 휠체어에 의존하는 여성이 있었다. 중증 장애인이어서 평생 학교라고는 다녀 본 적이 없는 그녀였다. 한 달 18만 원 정도의 보조금을 받아 겨우 생계를 이어가야 했던 생활보호대상자이기도 했다.

상상해보라. 그 여성은 과연 어떤 인생을 살아낼 수 있을까? 평생 학교 문턱을 넘어서 본 적이 없었던 그녀는 보통 사람들도 되기 힘든 국민을 대표하는 국회의원이 되었다. 바로 장향숙 전 국회의원이다. 여성장애인 최초로 국회의원이 되어 많은 장애인들에게 절대 긍정과 희망을 안겨 주면서 '두 바퀴로 가는 개척자'라는 별명을 얻기도 했다. 그녀가 남들보다 더 지독하게 할 수 있는 유일한 것은 오로지 독서였다. 똑바로 앉아서 책을 읽을 수 없었던 그녀는 평생 엎드린 채 1만 권 이상의 책을 독파해 별명이 '만리장서萬里長書'다. 그녀는 책을 통해 얻은 통찰력과 지혜를 자신의 삶에 적용시켰고, 불가능은 없다는 것을 실제로 보여 주었다.

14살에 아이를 낳았던 여자, 아이가 죽자 자살을 결심했던 그녀가 20년 동안 토크쇼 여왕이 될 수 있을 거라 생각할 수 있었을까? 오프라 윈프리는 '독서가 내 인생을 바꾸었다'고 주저없이 말한다. 그녀는 일주일에 한 권씩 읽고 그 책에 대한 보고서를 썼으며 "책은 오늘의 나를 만들었다. 책을 통해 나는 미시시피의 농장 너머에 정복해야 할 큰 세상이 있다는 것을 알게 되었다"고 성공비결을 밝히기도 했다.

독서로 인생을 바꾼 사람들

빌 게이츠, 오프라 윈프리 등 성공한 사람들로 꼽히는 이들의 공통분모는 독서이다.

"독일의 학자 오스트발트(독일의 물리학자, 1994년 노벨화학상 수상)는 일찍이 '위인이나 성공한 사람의 공통점은 무엇인가'를 조사하여 두 가지 공통점을 발견했다. 첫 번째는 긍정적으로 생각하는 일이고, 두 번째는 독서였다. 독서가 위인이나 성공한 사람들의 공통 조건이라는 사실을 밝혀낸 것이다."[13]

그렇다면 성공한 사람들은 어떻게 책을 읽고, 그것을 어떻게 인생에 적용시킬까? 누구나 책을 읽는다. 그렇다면 읽은 만큼 누구나 인생이 달라져야 한다. 그러나 앞서가는 사람이 있는 반면 뒤처지는 사람, 제자리에 머무르는 사람이 있는데 이 차이는 어디서 비롯되는 것일까?

첫째, 성공한 사람들은 보통 사람들보다 좀더 많이, 그리고 좀더 긍정적이고 적극적으로 책을 읽고 자신의 것으로 소화를 시켜, 결과적으로 어제와는 다른 인생을 살아간다. 인생이 바뀌기 위해서는 한두 권의 책이 아니라 수많은 책이 필요하고, 한두 시간의 독서 시간이 아니라 그보다 훨씬 더 많은 독서 시간이 필요하다. 20세기 가장 성공한 투자자 워런 버핏은 매일 깨어 있는 시간의 3분의 1 이상을 독서에 투자했으며, 빌 게이츠는 어린 시절 살던 동네의 공립도서관이 오늘날의 자신을 만들었다고 할 정도로 독서광이다. 빌 게이츠는 매일 1시간, 주말에는 3~4시간을 독서에 투자한다고 한다. 빌 게이츠는 "이런 독서가 나의 안목을 넓혀준다"고 말한다.

둘째, 성공한 사람들은 책에서 지식이나 정보를 얻는 데 그치는 **얕은 지식 중심의 독서가 아니라 책을 읽고 그것을 인생에 적용하는 깊은 사유 중심의 독서를 한다.** 책 속의 지식만을 수확하는 얕은 지식형 독서에서 벗어나, 새로운 아이디어와 사유를 스스로 창조해 낼 수 있는 깊은 창조형 독서를 해야 한다. 필자는 이런 독서를 '사유형 독서', 의식을 집중해서 읽는 '의식 독서법'이라고 표현한다.

　모든 사람들은 자신만의 한계와 벽을 가지고 있다. 그리고 이 한계를 넘기 위해서는 책의 지식과 정보를 읽는데 그치는 것이 아니라, 그 지식과 정보를 자신만의 새로운 생각과 아이디어로 발전시켜 나가려는 노력이 필요하다. 성공한 사람들은 바로 생각의 깨침, 얕은 지식 중심의 독서에서 벗어나 아이디어와 창조력을 지속적으로 생산해 낼 수 있는 깊은 사유 중심의 독서를 한다. 이런 사유형 독서만이 인생을 바꿀 수 있는 것이다. 영국의 철학자이자 정치학자였던 토마스 홉스가 "만약 내가 다른 사람들과 같은 정도로 독서를 했더라면, 다른 사람들과 같은 정도밖에 몰랐을 것이다"라고 말한 이유이다.

　"사람이 책을 만들고, 책이 사람을 만든다"는 말이 있다. 우리가 마시는 공기와 먹는 밥과 마시는 물의 종류에 따라 우리의 건강과 몸이 바뀌듯, 당신이 읽는 책에 따라 당신의 인생이 달라지는 것은 당연한 것이다. 결국 당신이 읽은 책이 당신의 내일을 말해준다.

"책을 통해 나는 인생에 가능성이 있다는 것과
세상에 나처럼 사는 사람이 또 있다는 걸 알았다.
독서는 내게 희망을 줬다. 책은 내게 열려진 문과 같았다."[14]
_오프라 윈프리

최고가 된 사람들은
책을 읽으면서 무슨 생각을 할까?

02

심리학자들은 사람마다 자신만의 '컴퍼트 존'(Comfort Zone, 익숙한 지역)이 있다고 말한다. 컴퍼트 존이란 자신에게 '익숙한 지역' 또는 '안심 구역'이라는 말이다. 사람들은 자신과 비슷한 사람들과 만나고 익숙한 곳에 머무르려는 경향이 있다는 것이다. 사회적으로 성공하는 사람은 쉽게 이 경계선을 넘는 반면, 보통사람들은 결국 자신의 컴퍼트 존 영역에 머문다. 때문에 더 이상의 변화와 발전은 없는 것이다.

"내가 미쳤다고 생각하나요?"[15]

영화 〈아이언맨〉의 실제 모델로 알려진 억만장자 일론 머스크는 스티브 잡스 이후 가장 주목받는 혁신적인 기업가이다. 인류를 우주에 거주할 수 있게 만드는 것이 삶의 목표라는 일론 머스크의 상상력은 때론 미쳤다는 소리를 들을 정도로 혁신적이다. 그는 이런 자신의 상상력과 성장에 도움을 준 것으로 책을 꼽는다. 우주항공회사 스페이스X를 창업할 당시 일론 머스크가 "로켓 만드는 방법을 어떻게 배웠느냐"는 질문에 "나는 책벌레였다. 나를 잡으러 올 때까지 서점에서 책을 읽었다. 더 이상 읽을 책이 없어지면서 백과사전을 읽기 시작했다. 나는 어릴 때부터 줄곧 로켓에 대해 고민을 해왔다"[16]고 말한 일화는 유명하다.

그는 어린 시절 평균 하루 두 권 정도의 책을 읽는 독서광이었으며, 지금껏 읽은 책은 1만여 권에 달한다고 한다. 그는 《아인슈타인 삶과 우주》를 읽으면서 "이 전기를 통해 우주의 질서를 읽은 천재의 야망과 지성을 배울 수 있었다"고 말한다. 한 권의 책이 '미래의 설계자'로 불리는 일론 머스크의 사업 구상에 큰 영향을 미친 것이다.

최고들은 책을 통해 미래를 읽는다

적당히 자신이 힘들지 않고, 부담되지 않게 일을 하는 것, 늘 비슷한 분야의 책을 읽고 공부를 하는 것을

"그러다가 학교 도서관과 마을 도서관에 있는 책을
모조리 읽어버렸죠. 그때부터 브리태니커 백과사전을
읽기 시작했어요. 정말 유익했죠.
우리는 자신이 무엇을 모르는지 모르잖아요?
하지만 백과사전에는 자신이 모르는 것이
낱낱이 실려 있습니다."

_ 일론 머스크[17]

'컴퍼트 존'이라고 필자는 생각한다. 최고가 된 사람들의 공통점은 예술, 역사, 철학, 사회과학 등 분야를 가리지 않고 방대한 양의 책을 읽는다는 점이다. 단순히 지식이나 정보만을 습득하는 얕은 독서가 아니라, 사고력과 통찰력을 키우고 미래를 내다 볼 수 있는 시각을 기른다.

대부분의 사람들은 자신의 컴퍼트 존을 벗어나기를 주저한다. 때문에 책을 읽더라도 읽기만 하는 수동적인 독서에 머무른다. 반면, **최고가 된 사람들은 읽은 것을 눈앞에 그려보고, 책을 통해 자신의 목표를 정하고, 그것을 실천하기 위해 연습한다. 책을 읽고 자신의 일과 분야에 적용하고 체화시키는 능동적인 독서를 한다.** 이러한 집요한 노력, 끊임없는 실천은 믿을 수 없는 결과를 가져온다.

책을 읽고 어떻게 체화해야 할까?

03

"5년 후 원하는 꿈을 이루고 성공하고 싶으세요?"라는 질문을 던지면 백이면 백 '그렇다'라고 대답한다. 그렇다면 어떻게 해야 인생이 바뀌는 변화를 일으킬 수 있을까? 6년 전만 해도 평범한 직장인이었던 필자가 저자로, 강사로 인생이 바뀔 수 있었던 것은 정확히 6년 전인 2009년부터 3년간 만 권의 독서를 한 덕분이다.

생각해보면 이전에는 전공기술서적이나 토익 점수를 높이는 책, 자격증 관련 서적 등 당장의 결과를 얻을 수 있는 책들 위주로 읽었다. 독해력을 높이기 위한 노력을 하거나, 생각하는 힘을 기르는 독서는 하지 못했다. 때문에 처음 도서관에서 책을 읽을 때만 해도 3주간 한 권의 책을 읽었으나 무슨 말인지 이해하지도 못했고, 내용을 한 줄로 요약할 수도 없었다. 독서 수준이 낮아 독해력이 초등학생 수준이었던 것이다.

CEO로 성공한 안철수의 표현을 빌리자면 '무조건 많은 책을 읽는 것보다 천천히 생각하면서 읽는 것이 좋다'. "책만 많이 읽는 게 중요한 것은 아니다. 독서에서 글을 읽는 것만큼 중요한 것이 사색이다. 책에 나온 내용을 자신의 경험이나 현재 상황에 대입해 생각해보고, 다른 책과도 비교해보거나 연관 지어서 생각해보고, 자기 나름대로 해석하는 과정은 책 내용을 내 것으로 만들고 사고의 폭을 넓히는 방법이다."[18]

마이크로소프트사의 창립자인 빌 게이츠도 "1년에 일주일은 생각하는 주간think week으로 정해놓고 회사 일은 뒤로 한 채 깊이 생각하는 시간을 가진다"며 '사색'의 중요성을 강조한다.

대부분의 사람들이 책에서 얻는 지식이나 정보를 수용하기만 하는 것은 수동적 독서에 머무르는 것이다. 책을 많이 읽는다고 하는 사람들도 책을 읽기만 하지 '생각하기'를 하지 않는다. 위대한 학자들과 독서가들을 보면 대부분 책을 읽고 토론과 메모와 사색을 통해 생각하고 또 생각했다. 이처럼 **책이 던지는 질문이 무엇인지 생각하고, 나아가 스스로에게 던지는 질문과 해답까지도 찾아내야 능동적인 독서이다.**

일기를 쓰고 기록한 이순신

23전 23승. 위대한 군사전략가였던 이순신 장군은 세 번의 파직, 두 차례에 걸친 투옥을 경험하고 심지어 사형 선고를 두 번이나 받는 등 많은 좌절과 고난과 역경에도 이를 극복하고 전투마다 전승을 해 한국 역사상 가장 위대한 인물 1위로 꼽힌다. 이순신 장군은 어떻게 23전 23승이라는 연전연승을 해낼 수 있었던 것일까? 힘난한 역경 속에서 그가 승리를 거둘 수 있었던 비결은 무엇일까?

이순신 장군은 전쟁 중에도 매일 《난중일기》를 써 소중한 기록을 후세를 위해 남겼다. 이순신을 연구하는 많은 학자들은 《난중일기》에 나오는 "나를 알고 적을 알아야만 백 번 싸워도 위태롭지 않다"[19]라는 구절이 손자의 병법서 《손자병법孫子兵法》의 '지기지피, 백전불태知己知彼, 百戰不殆' 내용을 참고했을 것이라고 말한다. 즉, 이순신 장군은 《손자병법》을 비롯해 수많은 병법서들을 읽고 실전에서 응용했다. 한산대첩에서는 학익진으로 왜군을 대파하고, 명량해전에서는 지리적 이점을 이용해 임진왜란을 승리로 이끌었다.

이순신 장군이 23전 23승을 거둘 수 있었던 이유는 평생 책을 가까이하고 읽은 책의 내용을 활용해 전략을 세우고 실천했기 때문이라고 생각한다. 책을 읽고 자신의 일과 분야에 적용하고 체화한 것이다.

무엇보다 우리가 이순신 장군에게 배워야 할 점은 매일 기록하는 습관이다. 이순신 장군은 매일 일기를 통해 그날의 날씨 같은 소소한 일상부터 경험하고 느끼고 생각한 것들을 기록하고 정리했다. 쓰고 기록하는 것은 책을 읽고 자신의 일과 분야에 적용하고 체화할 수 있는 좋은 습관이다.

**'읽고, 사유하고, 쓰는'
세 가지를 실행하라**

"아무리 읽어도 머리에 남지 않아요."

책을 읽고는 싶지만 독서 속도도 느리고 이해가 부족하다고 하는 분들이 있다. 아무리 읽어도 남지 않는다면 그저 읽는 것만을 목적으로 책을 보고 있지는 않은지 되짚어봐야 한다.

책을 읽고 체화하기 위해서는 반드시 '읽고, 사유하고, 쓰는 것', 즉 이 삼박자가 매우 중요하다. 우선, 책을 읽고 핵심을 파악해야 한다. 그리고 인상적이거나 실천할 만한 글은 베껴 쓰고, 내용은 하나의 문장으로 압축하고 요약해 낼 수 있어야 한다. 마지

막으로 몰입해서 읽되 비판적으로 수용하는 과정을 거쳐야 한다.

진짜 독서의 신은 책을 제대로 깊게, 넓게 읽을 줄 아는 사람이다. 그런 사람이 되기 위해서 필요한 것이 무엇일까? 책을 너무 급하게 빨리 읽으려고 하는 욕심을 버리는 것이다. 거듭 강조하지만 책을 '읽고, 생각하고, 의식을 확장하고, 한 문장으로 요약하는 과정'을 거쳐야 한다. 그래야 내 것으로 체화되고 사고력의 확장으로 연결될 수 있다.

독서를 한다고 해서 당장 인생이 바뀌지는 않을 것이다. 그러나 사색하는 수단으로 독서를 하게 되면 세상을 다르게 보는 눈이 생기고, 이를 통해 일이나 삶에서 부딪히는 문제들을 해결할 때 남과는 '깊이'와 '차원'이 다른 해법을 생각해 낼 수 있다. 남과 다르게 행동하기 위한 추진력을 얻을 수 있는 것이다.

기억하자. "책을 읽는다는 것은 많은 경우에, 자신의 미래를 만든다는 것과 같은 뜻이다"라고 말한 미국의 시인 에머슨의 말을 말이다.

최고들은
어떻게 책과 인생을 접목시킬까?

04

책을 읽는다고 해서 모두가 세계를 바꾼 위인이 되거나, 천재나 부자가 되거나, 인생이 변하는 것은 절대 아니다. 하지만 왜 어떤 사람은 책을 읽고 최고가 되고, 또 어떤 사람은 최고가 되기는커녕 어제와 별반 다를 바 없는 인생을 살아가고 있는 것일까? 실제로 링컨, 루즈벨트, 세종대왕, 뉴턴 등 자신의 인생을 바꾸고 나아가 새로운 것을 발명하거나 발견해 세계를 바꾼 위인들은 모두 다독가였다.

그 차이를 가르는 것은 의식의 차이다. 결국 당신의 미래는 책을 어떻게 읽느냐에 따라 달라진다. 아무리 책을 많이 읽었다고 해도 의식이 달라지지 않는 사람들은 인생이 별반 달라지지 않는다. 반대로 의식이 달라지면 자신에 대한 기대와 기준, 목표가 달라지는 변화를 경험하게 된다.

현대 경영학의 창시자인 피터 드러커는 《프로페셔널의 조건》이란 책을 통해 이렇게 명확하게 말한 적이 있다.

"우리는 자기계발이 무엇인지에 대해 별로 아는 것이 없다. 그러나 한 가지만은 알고 있다. 일반적으로 사람은 특히 지식근로자는 자신이 스스로가 설정한 기준에 따라 성장한다는 것이다. 사람은 스스로 성취하고 획득할 수 있다고 생각하는 바에 따라 성장한다. 만약 자신이 되고자 하는 기준을 낮게 잡으면, 그 사람은 더 이상 성장하지 못한다. 만약 자신이 되고자 하는 목표를 높게 잡으면, 그 사람은 위대한 존재로 성장할 것이다. 일반 사람이 하는 보통의 노력만으로도 말이다."[20]

두 사람이 똑같은 양의 노력을 해도 기준과 목표를 낮게 잡은 사람은 성장하지 않지만, 그것들을 높게 잡은 사람은 위대한 존재로 도약하게 된다는 것이다.

"아무리 유익한 책이라도 그 절반은 독자 자신이 만든다." 볼테르의 말처럼 책의 완성은 독자의 몫이다. 독자는 어떻게 책의 완성에 기여할 수 있을까? 바로 책을 읽고 사유함으로써 책을 완성시켜 나가는 것이다. 그런 점에서 책은 작가와 독자의 공동 작품이다.

**책의 핵심 문장,
저자의 견해를
독서노트에 정리해보라**

독서는 인류 역사상 그 분야의 최고가 된 사람들의 인생을 배울 수 있는 최적의 방법이다. 그 분야에 참고할 수 있는 데이터가 하나씩 늘어나고, 간접적인 경험을 통해 편협한 사고방식에서 벗어나면 사고의 수준이 높아질 수밖에 없다. 그런데 문제는 인간의 의식이 쉽게 바뀌거나 달라지지 않는다는 점이다.

책을 읽을 때 단순히 글자나 텍스트를 읽고 끝나는 것이 아니라 그 책의 핵심 문장과 저자의 견해를 따로 기록하고 한 문장으로 간추려서 정리해보라. 단순히 책의 내용을 필사하는 것이 아니라 한 번 더 정리하는 과정을 거치는 것이다. 단순히 텍스트만 읽는 독서는 기분 전환이나 스트레스를 해소하는 수단이 될 수는 있으나 이런 식의 독서로는 인생이 변하지도, 성장하지도 못한다. 반면 자신의 주관과 생각을 정리하면서 책을 읽으면 자연스럽게 사색하게 되고 의식수준이 높아지게 된다.

"21세기의 문맹자는 글을 읽을 줄 모르는 사람이 아니라, 학습하고 교정하고 재학습하는 능력(독서를 통해 공부하는 능력)이 없는 사람이다"라는 미래학자 앨빈 토플러의 말을 되새겨볼 일이다. 재학습하는 능력을 키우려면 정보나 지식을 얻는 단순한 책 읽기에서 한 단계 더 나아가 자신이 중심이 되는 사색과 성찰 과정을 거쳐야 한다. 이를 통해 사고력이 더 향상된다. 이런 경험을 통해 안목도 생기고 자신의 경계가 확장되는 경험을 할 수 있다. 당신의 의식수준이 확장되고, 의식수준이 달라지면 세상을 바라보는 관점(프레임)이 바뀌고, 이전과 전혀 다른 방식으로 세상을 살아갈 수 있게 된다.

최고의 인재들은 어떻게 책과 인생을 접목시킬까? ①

세종대왕 독서법 ● '독서백편의자현讀書百編義自見', 책을 100번 읽으면 그 뜻을 스스로 알 수 있다는 말이다. 100번 읽으면 책 한 권이 통째로 머릿속에 들어오는 독서법이라고 할 수 있다.

세종대왕은 한 권의 책을 100번 읽는데서 더 나아가 100번을 적는 '백독백습百讀百習'을 한 것으로 유명하다. 한 번 읽고 한 번 쓸 때마다 '바를 정正'자를 표시하면서, 100번을 읽고 100번을 썼다고 전해진다. 세종대왕의 '백독백습' 독서법은 책 속에 있는 지식을 완전히 습득하기 위한 방법이었다.

세종대왕은 식사 중에도 좌우에 책을 펼쳐놓고 독서를 할 정도로 독서광이었다. 단순히 읽는데서 그친 것이 아니라 신하들과 책을 읽고 토론하는 경연을 1,800여 회 이상 열었다. 또한 신하들이 책을 읽을 수 있도록 '사가독서賜暇讀書'라는 일종의 독서휴가 제도를 시행했다고 전해진다.

1. 눈에 보이는 곳곳에 책을 놓고 장소와 시간을 가리지 않고 읽는다.
2. 책을 완벽하게 자신의 것으로 만들 수 있을 때까지 반복해서 읽는다.
3. 책을 읽고 토론을 통해 소통한다.

"고기는 씹을수록 맛이 난다. 그리고 책도 읽을수록 맛이 난다."

_ 세종대왕

최고의 인재들은 어떻게 책과 인생을 접목시킬까? ②

손정의 독서법 ● 스물여섯 살, 급성간염으로 병원에 입원할 당시 손정의는 임신한 아내와 딸, 10억원의 사업 빚을 지고 있었다. 그는 완쾌될 때까지 3년간 병원에 누워 약 4천 권의 책을 읽었다. "병원 침대에서 평생 먹고 살 지식을 얻었다"고 말할 정도로 3년간의 독서는 이후 회사에 복귀했을 때 소프트뱅크를 글로벌 기업으로 성장시키는 밑천이 되었다. 손정의 회장은 인생의 중요한 고비에 부딪힐 때마다 《료마가 간다》를 읽고, 《손자병법》을 다시 읽으며 사업에 대한 철학과 비전을 얻었다고 회고한다.

"백 년 전에 태어났더라면 공부는 사치였다. 이런 시대에 태어나 공부를 한다는 것은 나에게 있어 가장 큰 기쁨이다."   _ 손정의

최고의 인재들은 어떻게 책과 인생을 접목시킬까? ③

오바마 대통령의 잠들기 30분 전 독서법 ● 미국 최초 흑인 대통령 버락 오바마. 그는 어떻게 흑인이라는 편견을 딛고 성공할 수 있었을까? 오바마는 가슴을 울리는 명연설가로 유명하다. 그의 연설만 묶은 동영상과 연설집이 따로 있을 정도이다. 그가 감동적인 연설을 할 수 있었던 것은 방대한 양의 독서 덕분이다.

흑인 아버지와 백인 어머니 사이에 태어나 흑인도 백인도 아닌 자신의 인종적 정체성을 고민하던 오바마는 청소년 시절 랭스턴 휴즈, 제임스 볼드윈 등 흑인 작가들의 작품을 읽으며 정체성에 대한 답을 찾았고, 대학 시절에는 니체와 아우구스티누스, 마틴 루터 킹 목사의 전기를 읽었다. 지금도 영감이 필요할 때마다 오바마는 링컨의 자서전을 다시 읽는다고 말한다. 이외에도 오바마의 애독서에는 간디, 말콤 엑스 등의 자서전을 비롯해 《차라투스트라는 이렇게 말했다》, 《리어왕》, 《성경》 등 문학과 철학을 포함해 다양한 분야의 책들이 망라돼 있다. 그가 휴가철마다 들고 가는 책들은 미국 출판계에서 판매 돌풍을 일으킬 정도이다. 오바마는 대통령에 당선된 뒤에도 잠들기 30분 전에는 반드시 독서를 하는 것으로 유명하다. 그의 명연설 비결은 바로 잠자기 전 30분 독서이다.

"당신이 지금 달린다면 패배할 가능성이 있다.
하지만 당신이 달리지 않는다면 당신은 이미 진 것이다."

_ 오바마

최고의 인재들은 어떻게 책과 인생을 접목시킬까? ④

피터 드러커 독서법 ● 현대 경영학의 아버지로 불리는 피터 드러커는 동시대의 사람들은 결코 생각지도 못한 지식근로자의 탄생, 정보사회의 등장, 그리고 그것에 따른 평생학습의 필요성, 마케팅과 혁신의 중요성, 민영화와 분권화 등을 정확하게 예측한 것으로 유명하다. 피터 드러커는 어떻게 남다른 통찰력과 선견지명을 갖게 되었을까? 그는 타고난 천재였을까?

피터 드러커는 평범한 견습사원으로 사회생활을 시작했다. 은행원, 신문사 기자와 보험 회사원, 무역 회사원 등 여러 직업을 거치며 평범한 일반 직장인으로 살면서 피터 드러커는 계획을 세워 꾸준히 공부를 하고 책 읽기를 실천했다. 3개월간, 3년마다 새로운 주제를 정해 계획적으로 독서를 하며 그 분야를 집중적으로 공부했다. 그가 통계학, 정치학, 경제학, 일본 미술 등 다양한 분야의 지식을 쌓고 통찰력을 기를 수 있었던 비결은 이러한 계획적이고 한 분야의 책을 모두 읽는 독서법 덕분이었다.

"저술 활동과 강의 등 일 외에 나는 매년 새로운 주제를 발굴하여 3개월간 집중적으로 공부하고 있다. 그 외에는 3년마다 계획을 세우고 있다. 예를 들면 '셰익스피어의 전집을 천천히 다시 읽는 것' 같은 일이다. 이는 몇 년 전에 끝마친 일인데, 나는 셰익스피어 다음으로 발자크의 대표작인 《인간희극》 시리즈에 몰두했다."[21]

_ 피터 드러커

제3장

독서하는 습관이
인생에서 가장 중요하다

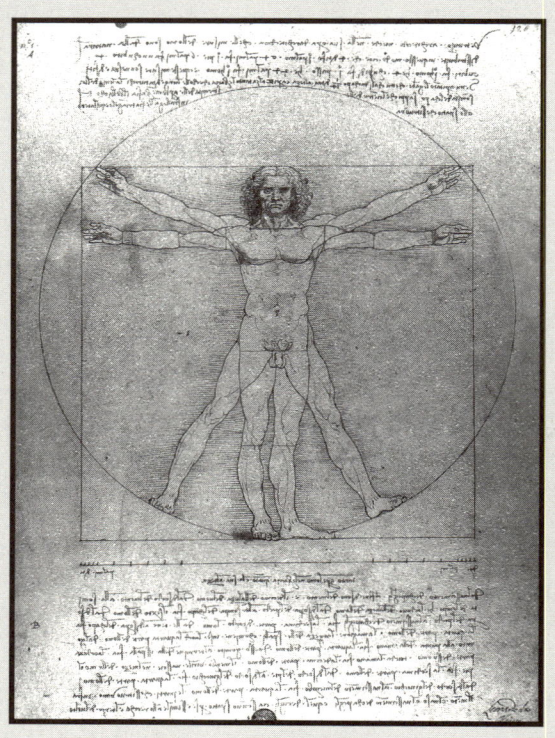

"모든 경험은 하나의 아침, 그것을 통해 미지의 세계는 밝아온다.
경험을 쌓아 올린 사람은 점쟁이보다 더 많은 것을 알고 있다.
경험이 토대가 되지 않은 사색가의 교훈은 허무한 것이다."

_레오나르도 다빈치

책 읽는 습관은
운명을 바꾸는 시발점

01

습관이 우리 삶에 중요한 이유는 작고 사소한 행동들이 우리의 삶을 달라지게 만들 수 있기 때문이다. 좋은 습관의 중요성은 절대적이며 한 사람의 운명을 결정하는 시발점이다.

얼굴을 씻고, 옷을 빨고, 면도를 하는 사소한 습관들이 때로는 생존을 결정하기도 한다. 제2차 세계대전 당시 독일의 아우슈비츠 수용소에 갇힌 유대인의 평균 생존기간은 3개월도 채 되지 않았다고 한다. 그런데 추위와 굶주림, 매일 사람이 죽어나가는 그 지옥 같은 환경 속에서도 살아남은 사람들이 있었다. 살아남은 사람들은 살아남지 못한 사람들과 어떤 차이가 있는 것일까? 단순히 운이 좋았기 때문일까?

수용소에서 2~3일을 보내면 사람들은 비참한 현실에 절망하고 원초적 본능에만 집중하게 된다고 한다. 내일 죽을지도 모르는 수용소에서 씻는 것이 무슨 의미가 있느냐고 생각해 최소한의 인간다운 모습을 유지하기를 포기하는 것이다. 그러나 빅터 프랭클 박사를 비롯해 생존한 사람들은 씻기와 청결을 유지하기 위해 한 컵의 마실 물을 반으로 나누어 나머지 반으로 얼굴을 씻고 면도를 하면서 인간다운 삶을 유지했다고 한다. 씻고 닦는 사소한 매일의 습관을 유지하며 스스로 인간이기를 절대 포기하지 않은 것이다.

죽음의 아우슈비츠 수용소에서 생존한 빅터 프랭클 박사는 자신이 살아남을 수 있었던 것은 강인한 정신력이나 체력 때문이 아니라 "주어진 환경에서 자신의 태도를 결정하고, 자기 자신의 길을 선택할 수 있는 자유"[22]를 빼앗기지 않았기 때문이라고 고백한다.

매일의 독서 습관이 사람을 근본적으로 변화시킨다

"사람이 운명을 결정하는 것이 아니다. 사람은 자신의 습관을 결정하고 그 습관이 그들의 운명이 된다"는 마이크 머독[23]의 말처럼 평소에 어떤 습관적인 행동을 하느냐에 따라 당신의 삶이 달라질 수 있다. 그런 점에서 책 읽는 습관은 운명을 바꾸는 시발점이다.

필자는 매일의 독서 습관이 그 어떤 훌륭한 교육기관보다 사람을 근본적으로 변화시킬 수 있다고 생각한다. 책을 통해 경험해 보지 못한 세상을 경험하고, 수천 년을 뛰어넘어 역사적으로 유명한 현자들의 지혜를 엿볼 수 있으며 아시아·유럽·아메리카의 지리적 거리를 뛰어넘어 위인들과 대화를 나눌 수 있다. 이 외에도 책 읽기를 통해 우리가 얻을 수 있는 것은 너무나 많고 다양하다.

에디슨은 정규 교육과정을 받지 못했지만 도서관에서 매일 읽은 책만으로 뛰어난 발명가가 될 수 있었다. 빌 게이츠가 "오늘의 나를 있게 한 것은 우리 마을의 도서관이다. 하버드 졸업장보다 소중한 것은 바로 독서하는 습관이다"고 말한 이유도 독서 습관이 그만큼 중요하기 때문이다.

3번 읽기
독서 습관

02

"책을 읽기에 앞서 왠지 모를 거부감이 있습니다."

필자가 운영하는 독서 프로그램(독서 혁명 프로젝트)에 참여한 한 참가자가 독서에 대해 상담을 해왔다. "읽는 도중 잡념도 많고, 글을 읽는다는 것 자체가 피곤하다"는 것이었다. '남들도 나처럼 힘들까, 남들은 독서를 잘하는 것으로 생각했다'는 이 참가자는 그래서 본인이 독서가 힘들다는 말을 쉽게 털어놓지 못했다고 한다. 읽기만 하는 건데 왜 어려울까 하는 생각에서였다. 이처럼 대부분 사람들이 독서를 집중해서 하기 힘들어하거나 글이 눈에 안 들어온다고 말하는 이유는 제대로 된 독서 습관이 몸에 배어 있지 않기 때문이다.

공부를 잘하려면 문제를 잘 푸는 연습이 필요하듯 독서를 잘 하려면 독해력을 기르는 연습이 필요하다. 하지만 미안하게도 독해력을 한 번에 성장시키는 묘수는 없다. 중국에 '손자천독달통신 孫子千讀達通神'이라는 말이 있다. 《손자병법》을 천 번 읽게 되면 도통하게 된다는 말이다. 즉 한 권의 책을 이해가 될 때까지 읽게 되면 그 책의 내용에 통달하게 되고, 발전을 이룰 수 있는 것이다. 그러나 바쁜 현대인들에게 '백독백습'이나 '천독'은 어려운 일이다. 대신 '3번 읽기 독서 습관'은 해볼 만하다.

특히 인문 고전이나 역사서, 문학 고전을 읽을 때는 반드시 3번 읽기 독서, 즉 최소한 세 번 이상 읽고 곱씹어 보는 과정이 필요하다. 한 번만 읽는 사람들에 비해 훨씬 더 지혜와 통찰력을 기를 수 있기 때문이다. 이 3번은 최소 숫자이다.

중국의 학자 주자朱子는 "책을 읽는 요령은 눈으로 보고(안도眼到) 입으로 소리 내어 읽고(구도口到) 마음으로 얻는 것(심도心到)이다. 이 중에서 제일 중요한 것은 심도心到이다"라고 독서를 하는 세 가지 자세인 '독서삼도讀書三到'를 제시했다. 즉, 독서를 할 때는 마음을 다해 열심히 반복해서 정독해야 한다는 말이다. 눈으로 읽고, 소리 내어 읽고, 마음으로 터득하는 과정은 3번 읽기로 완성된다. 이렇게 3번 읽기를 반복하면 생각하는 독서 습관이 잡힌다.

읽고, 생각하고, 자신의 것으로 만드는 3번 읽기

중국 공산당 정권을 수립한 정치가 마오쩌둥은 삼복사온(三腹四溫, 세 번 반복해 읽고, 네 번 익히라) 독서법을 일생 동안 지속했다. 마오쩌둥은 전쟁 중에도, 수세에 몰려 쫓기면서도 책 읽기를 소홀히 하지 않았다. 역사서를 좋아해 중요한 역사서나 관심 있는 작가의 책은 여러 번 반복해서 읽었고, 사마광이 쓴 《자치통감資治通鑑》은 무려 열일곱 번 읽었다고 한다. 책을 완전하게 이해한 후에도 어려운 결정을 내려야 하거나 힘든 상황에 부딪힐 때마다 반복해서 읽었던 것이다. 마오쩌둥은 한 권의 책을 두 번 세 번 읽고, 책에서 읽은 문장들을 필기해 연설문을 작성할 때 인용한 것으로도 유명하다.

마오쩌둥이 한 권의 책을 두 번 세 번 반복해서 읽었던 이유는 무엇일까? 책은 눈으로 한 번 읽었다고 해서 그 책을 제대로 읽었다고 말할 수 없기 때문이다. 자칫 책 감상으로만 끝날 수 있다. 책 읽기를 통해 자아가 성장하고 마음 수양과 단련, 삶의 가치를 발견하려면 읽고, 생각하고, 자신의 것으로 만드는 세 단계를 거쳐야 한다. 3번 읽기 독서 습관이 중요한 이유다.

옛말에 '도능독徒能讀'이라는 말이 있다. 글의 깊은 뜻은 알지 못하고 오직 읽기만 잘한다는 뜻이다. 물론 주식이나 부동산, 재

테크 관련 서적 등 정보가 위주인 책들은 필요한 부분만 읽거나 한 번만 읽어도 된다. 그러나 고전, 역사, 철학 등 인문 고전들은 눈으로만 한 번 읽는 것으로는 이해하기 힘들다. 어려운 부분은 두 번 세 번 반복해서 읽어야 되고, 사전을 찾거나 인터넷으로 정보를 검색해서 내용을 이해해야 한다. 이런 과정을 통해 아는 게 많아지고, 생각과 의식이 확장되고 깊어진다.

3번 읽기 습관을 들여라. 3번 읽기를 반복하면 책 읽기의 기본이 완성된다.

"처음에는 재미로 《토지》를 읽었다. 그런데 읽고 보니 재미만 있는 게 아니라 마음도 울리는 소설이었다. 인상 깊었던 대목을 다시 보고 싶어서 한 번 더 읽었다. 그런데 처음 읽었을 때 무심히 지나쳤던 것들이 새삼스럽게 다가왔다."[24]

'글쓰기 달인'으로 불리는 유시민이 말한 것처럼 책은 한 번, 다시 한 번 읽을 때마다 다른 울림과 느낌, 깨달음을 얻게 된다.

마오쩌둥의 독서 명언

"밥은 하루 안 먹어도 괜찮고 잠은 하루 안자도 되지만 책은 단 하루도 안 읽으면 안 된다."

"책이 주는 지식 못지않게 이를 실생활에 활용하는 일이 중요하다. 무턱대고 읽는 건 죽은 독서다."[25]

"학문이 있으면 산 위에 서 있는 것처럼 멀리 많은 것을 볼 수 있다. 학문이 없으면 어두운 도랑을 걷는 것처럼 더듬어낼 수도 없으며 사람을 몹시 고생스럽게 할 것이다."[26]

"나이가 들어서도 배우고 익혀야 합니다. 내가 다시 10년을 더 살고 죽는다면 9년 359일을 배울 것입니다."[27]

_옌안에서 한 연설 중에서

'원 북 원 센텐스' 독서 습관

03

"선생님, 어떻게 해야 독서를 제대로 하는 건가요?"

독서법에 대한 강의를 할 때마다 가장 많이 듣는 질문 중 하나이다. 어떻게 하는 것이 독서를 제대로 하는 것일까?

"한 권의 책을 읽었다면 반드시 하나의 문장으로 요약할 수 있어야 합니다." 필자는 이렇게 답변한다.

책을 눈으로 한 번 읽는 것은 제대로 된 독서가 아니다. 독서를 제대로 했다고 말할 수 있으려면 그 책을 하나의 문장으로 압축하고 요약해 낼 수 있어야 한다. 그것이 바로 **'원 북 원 센텐스**One Book One Sentence' **독서 습관**이다.

한 권의 책 내용을 한 문장으로 요약하는 훈련을 해보라. 그 과정에서 자신의 생각과 사고수준이 엄청나게 확장되는 것을 느끼게 될 것이다. 하나의 문장으로 요약하기 위해서는 책을 읽고, 핵심내용이 무엇인지 생각하고, 저자의 뜻과 자신의 생각을 비교·분석하여 사유하고 자신의 생각으로 정리하는 과정을 거쳐야 한다. 바로 읽고, 생각하고, 요약하는 과정이 원 북 원 센텐스 독서 습관의 핵심이다.

'한 줄로 줄이려면 어떻게 해야 할까?'를 생각하고 사유하는 과정에서 논리적 사고수준이 높아지고 정신적으로 성장할 수 있다.

원 북 원 센텐스 독서 습관으로 책 읽기를 하면 눈으로 읽는 것보다 처음에는 물리적으로는 시간이 더 많이 걸릴 것이다. 그러나 계속 반복해서 하다 숙달이 되면 나중에는 시간이 줄어들고 한 문장으로 요약하기 위해 집중해서 읽게 되어 이해가 훨씬 더 잘된다. 그 과정에서 무엇인가를 새롭게 배우고, 성장하고 의식과 생각이 달라진다.

다른 사람에게 책 내용을 설명해야 한다고 생각하고 읽어라

영국의 정치가 벤저민 디즈레일리는 "사고하는 데 필요한 기술, 책을 쓰는 데 필요한 기술뿐 아니라 독서하는 데에도 필요한 기술이 있다"고 말했다. 독서하는 데 필요한 기술로 필자는 '원 북 원 센텐스' 독서 습관이 효과적인 독서법이라고 여긴다.

'원 북 원 센텐스', 책의 내용을 한 문장으로 정리하는 가장 쉬운 방법은 다른 사람에게 그 책의 내용을 정리해서 설명하는 것이다. 메이지대학의 사이토 다카시 교수는 '다른 사람에게 이 책의 내용을 정리해서 설명해야 한다면 어떻게 설명할까?'라고 생각해보라고 말한다.

"책을 읽는 동안 '다른 사람에게 이 책의 내용을 정리해서 설명해야 한다면 어떻게 설명할까?'라는 질문을 염두에 두고 읽어 나가라. 책 내용을 누군가에게 설명해야 한다는 목표를 세우면 집중도가 높아지고 저자가 책을 통해 전달하려는 핵심 내용을 계속 염두에 두면서 전체적인 내용을 논리에 따라 파악하기 위해 노력하게 된다. 즉, 머릿속에 책 내용을 지도로 그리는 연습을 하는 셈이다."[28]

한 권의 책을 하나의 문장으로 요약하기 위해서는 책을 빨리 한 번 읽어서는 도저히 불가능하다. 사람에 따라서 여러 번 혹은 수십 번 읽어야만 가능하다. 이렇게 해야 책을 제대로 이해하고 자신의 것으로 소화시킬 수 있다.

원 북 원 센텐스 독서 습관은 처음에는 어렵게 느껴질 수 있지만 반복해 익숙해지면 오히려 책의 핵심과 요점을 빠르고 정확하게 파악할 수 있는 방법이다.

'초서' 독서법

04

 읽고 사유하고 쓰는 것을 잘할 수 있게 해주는 독서법으로 '초서 독서법'이 있다. 다산 정약용 같은 다독가들이 실천했던 초서 독서법은 책을 읽으면서 인상 깊거나 중요한 내용을 뽑아 옮겨 기록하는 방법이다. 다산 정약용은 초서를 하면 그 문장이 오래도록 기억에 남아 유용하다고 했다.

 "초서鈔書란 책을 읽다가 그때그때 요긴한 대목을 베껴 카드 작업을 해가면서 읽는 독서법이다. … 다산의 대부분 저술은 이같은 초서의 방식으로 이루어졌다. 그저 읽지 말고 밑줄 쳐가며 읽어라. 하나하나 베껴 써가며 읽어라. 무작정 베껴 쓰면 안 된다. 방향과 목적을 먼저 결정해야 한다. 같은 책도 어떤 정보를 취하느냐에 따라 카드 작업이 결과가 달라진다. 이 방법을 쓰면 백 권의 책도 열흘에 충분히 독파할 수가 있다."[29]

정약용은 초서의 방법에 대해 첫째 자신의 생각을 정리하고, 둘째 그 생각을 기준으로 버릴 것과 취할 것을 나눠 취사선택하고, 셋째 선택하고 싶은 문장과 견해를 뽑아서 자신의 노트에 간추려 필기하라고 말한다. 이렇게 하면 불필요한 내용을 걷어내고 알맹이만 추려내는 훈련이 된다. 또한 따로 초록한 내용들을 모아 한 권의 책을 집필할 수 있다. 이 방법은 필자가 3년 동안 50여 권의 책을 집필하는 데 많은 도움이 됐다.

뜻을 찾아 읽으면 수백 권의 책을 읽은 효과가 있다

다산의 초서 독서법을 간단하게 정리하면 다섯 가지 키워드로 요약할 수 있다.[30]

1. 입지立志 _ 주관 의견
책을 읽기 전에 먼저 자신의 주관을 확립하는 단계이다. 즉,

책을 읽을 때는 자신의 주관을 가져야 한다. 책을 비판적으로 읽기 위한 방법으로, 가장 중요한 단계이기도 하다.

2. 해독解讀 _ 읽고 이해

독서를 하면서 모르는 부분이 나오면 그 부분을 사전이나 다른 책을 참고하거나 인터넷에서 해당 지식을 찾아보는 등 완전하게 이해하고 넘어가야 한다. 책의 핵심 주장과 내용이 무엇인지 파악하는 단계이다.

3. 판단判斷 _ 취사 선택

책의 내용을 토대로 무엇이 중요하고 안 중요한지를 판단한다. 비교·분석하여 자신에게 필요한 내용을 취사 선택하는 과정이다. 생각하고 또 생각하는 과정이라고 할 수 있다.

4. 초서鈔書 _ 적고 기록

책의 중요한 문장과 내용을 따로 뽑아 자신의 독서노트에 적는다. 이 과정을 통해 자신은 독자가 아닌 제2의 작가가 된다.

5. 의식意識 _ 의식 확장

책을 통해 얻은 새로운 견해를 토대로 자신의 의식과 생각과 주관이 바뀐 것을 기록한다. 의식이 확장되는 것을 기록하는 과정이다.

정약용은 "그냥 읽어 내리기만 한다면 하루에 백 번 천 번을 읽어도 읽지 않은 것과 다를 바가 없다"[31]고 했다. "독서하는 도중에 의미를 모르는 글자를 만나면 그때마다 널리 고찰하고 세밀하게 연구하여 그 근본 뿌리를 파헤쳐 글 전체를 이해할 수 있어야 한다. 날마다 이런 식으로 책을 읽는다면 수백 가지의 책을 함께 보는 것과 같다"[32]고 두 아들에게 보내는 편지에 적고 있다.

책을 읽을 때 뜻을 찾아 읽으면 수백 가지의 책을 읽은 효과가 있다고 말한 정약용의 독서법은 독서를 통해 자신의 생각과 가치관을 확립하고 의식이 확장되는, **읽는 만큼 자신에게 남는 것이 있는 효과적인 방법이다.** 또한 책을 읽다가 중요한 구절이 나오면 이를 베껴 메모하고 갈래별로 분류하면 자신만의 지식체계를 확립할 수 있다.

정약용의 독서 명언

"독서야말로 인간이 해야 할 첫째의 깨끗한 일이다."

"대개 초서鈔書의 방법은 반드시 먼저 자기 뜻을 정해 만들 책의 규모와 편목을 세운 뒤에 남의 책에서 간추려내야 맥락에 묘미가 있게 된다. 만약 그 규모와 목차 외에도 꼭 뽑아야 할 곳이 있으면 별도로 책을 만들어 좋은 것이 있을 때마다 기록해 넣어야만 힘을 얻을 곳이 있게 된다. 고기 그물을 쳐놓으면 기러기란 놈도 걸리기 마련인데, 이를 어찌 버리겠느냐?" [33]

3년
독서 습관

05

　도서관에서 책만 읽던 백수 시절 미래가 불투명하고 인생이 흔들리고 어떤 삶을 살아야 할지 막막하기만 할 때 책 읽기는 필자에게 버팀목이었다. 필자가 인생의 고비에서 쓰러지지 않고 다시 일어설 수 있었던 것은 순전히 3년간 매일같이 반복한 책 읽기 덕분이다.

　여기까지가 세상이 필자의 3년 독서를 보는 관점이다. 하지만 필자의 관점에서 제대로 3년 독서 이야기를 하면 전혀 다른 이야기가 된다.

　필자는 3년 동안 도서관에 박혀서 책만 읽었다. 그것은 사실이다. 하지만 필자가 그렇게 한 이유와 목적은 미래가 불투명했기 때문이 아니다. 필자가 대한민국 최고의 기업 삼성전자를 그만두고 도서관으로 간 이유는 평생 책만 읽고 싶어서였다.

당시 필자의 유일한 꿈은 평생 책만 읽는 것이었다. 물론 3년까지는 성공했다. 하지만 3년이 지나고 경제적인 이유 등으로 이 꿈은 실패로 돌아갔다. 3년 동안 밥 먹고 책만 읽을 수 있었던 그 시절은 필자의 인생에서 가장 눈부신 시기였다고 감히 말할 수 있다. 경제적으로는, 사회적으로는 최악의 시기였지만, 개인적인 삶의 관점에서 볼 때 최고의 시기였다.

안정적인 직장, 거액의 연봉, 사회적 직위, 세상의 평가, 주위 사람들의 인정과 같은 것들을 책과 바꿀 수 있는 사람들은 많지 않을 것이다. 한국 사회에서 40대 중년이 직장을 버리고서까지 독서에 천착하기는 더더구나 쉽지 않다. 그러나 그 덕분에 대한민국 사회에서 찾아보기 힘든 독서 고수가 되었을 뿐만 아니라 세계 최강의 독서법 프로그램인 독서 혁명 프로젝트를 2년 동안 진행해오고 있다.

영어나 골프를 배우는 데, 취미 생활을 즐기는 데 수백만 원을 아까워하지 않으면서 평생 배움을 주고 성장을 가져다주는 독서하는 방법을 배우는 데 돈 몇 푼을 아까워하는 사람이 많다.

독서를 시험공부 하듯 범위를 정해두고, 시간을 정해두고 하려고 하고, 외우려고 하는 사람들도 있다. 그러다 보니 재미가 없고 멀리 하게 된다. 독서는 절대 시험공부 하듯이 해서는 안 된다. **밥을 먹고, 물을 마시는 하루의 습관처럼 독서를 해야 한다. 그렇게 독서 경험이 쌓여 가면 '독서의 임계점'을 넘어서는 순간이 온다.**

책 읽기는 스키 타기와 닮은 점이 있다. 처음에는 익숙하지 않아 수십 수백 번 넘어지게 된다. 앞으로 나가는 데 실패하고 넘어지고를 반복하다 어느 순간 몸에 익게 된다. 스키를 배우기까지는 나에게는 운동신경이 없나 하는 생각이 들 정도로 자꾸 넘어지고 몸에 익을 때까지는 즐기기는커녕 힘이 든다. 생각해보면 어떤 일을 하던 처음에는 서투르게 마련이다. 일이든 운동이든 익숙해지는 데는 일정 시간이 걸린다. 독서도 마찬가지이다. 잘하려면 자신에게 맞는 독서법을 찾고, 독해력을 키우는 시간이 필요하다. 실제로 필자 역시 '3년 독서'를 통해 의식의 큰 변화와 자아 성장, 필자만의 독서법을 찾을 수 있었다.

3년 독서로 인생을 바꾼 사람들

"책을 읽으면 무엇이 달라지느냐?"라고 질문하는 사람들에게 필자는 3년 동안만 집중적으로 독서를 하면 인생이 달라질 수 있다는 '3년 독서 법칙'을 강조한다. 독서를 한다고 지금 당장 인생이 달라지는 것은 아니라는 말이다. 최소 3년 이상 꾸준히 책을 읽기 전에는 자신이 바뀔 것이라고 꿈도 꾸어서는 안 된다.

필자는 어떤 일이든 3년만 미친 듯이 열심히 하면 성과를 낼 수 있다는 '3년 법칙'을 믿는다. 3년 동안의 지독한 독서 경험을 통해 필자 자신이 변했기 때문이다. 교보문고 신용호 회장, 소프트뱅크의 손정의 회장 역시 3년 독서를 통해 인생을 바꿨다.

교보문고 신용호 회장은 어린 시절 병으로 인해 보통학교(지금의 초등학교)에 입학을 하지 못했다고 한다.[34] 남들보다 뒤처지는 배움을 따라잡기 위해 신용호 회장은 3년 1,000일 동안 하루 4시간 이상 잠을 자지 않고 각종 위인전 등을 읽으며 독서에 매달렸다.

"이즈음 대산(신용호)은 인생 지각을 만회할 수단으로 세상 사는 데 필요한 지식과 지혜를 삼 년 안에 터득하기로 작심한다. 바로 '천일독서千日讀書'라는 발상인데 대산은 주변에서 쉽게 구할 수 있는 책을 닥치는 대로 그 분량을 감안, 하루 독파할 분량을 정하고 읽어 나갔다."[35]

어린 시절 병으로 학교 교육을 제대로 받지 못했던 신용호 회장이 교보문고와 교보생명을 창업할 수 있었던 것은 '3년 독서' 덕분이 아니었을까. "책이 사람을 만든다"는 명언은 신용호 회장 자신의 경험에서 우러나온 말이다.

소프트뱅크의 손정의 회장도 병상에 누워 있는 동안 '3년 독서'를 통해 미래의 계획을 세울 수 있었다. 필자 역시 3년 독서를 통해 독서법을 저술하는 작가가 될 수 있었다.

"한 문장이라도 매일 조금씩 읽기로 결심하라. 하루 15분씩 시간을 내면 연말에는 변화가 느껴질 것이다."

미국의 교육 행정가 호러스 맨의 말처럼 하루 15분 시간을 내서 독서를 한다고 생각해보자. 처음에는 책 읽기가 마라톤처럼 힘들게 느껴질 것이다. 1년 정도 지나면 걷기 정도로 편해지고 3년 독서를 하면 독서가 숨쉬기처럼 편하게 느껴질 것이다.

"3년을 전후로 한 단기간에 수천 권의 책을 독파하면, 의식과 사고의 수준이 비약적으로 도약하게 되어 인생에 큰 획을 긋는 거인으로 자신을 성장시킬 수 있다."[36]

3년을 읽어야 하는 이유, '독서 임계점'

독서를 한다고 해서 모두 성공하는 것은 아니다. 그러나 위대한 성공을 한 사람들의 공통점이 독서광이라는 점은 분명하다. 이들은 한두 권, 몇 달 동안만 독서를 한 것이 아니라 대부분 평생을 책과 함께 한 독서광들이었다.

왜 3년 독서 습관을 강조하는지 궁금할 것이다. 책은 공부처럼 잘하게 되고, 몸에 익어 영향을 미치기까지 어느 정도 시간이 필요하기 때문이다. 필자는 인생이 바뀌는 기적을 경험하려면 '독서의 임계점'을 넘어서야 한다고 생각한다. 물이 임계점인 100도가 되어야 끓기 시작하듯이 독서로 인생이 달라지려면 3년 정도의 독서 기간이 필요하기 때문이다.

생각해보라. 보통 신입사원이 한 회사에 입사해서 기본적인 업무 사항에 대해 배우는 기간을 보통 3년으로 잡는다. 3년은 업무에 대해 배우고 익혀 성과를 낼 수 있는 최소한의 기간이다. 그동안은 시행착오를 겪고 직접 몸으로 체험하며 배우는 시간이다. 독서를 한다고 눈으로 읽거나 수박 겉핥기식으로 빨리 책 한 권을 읽고 나서 '내가 이 책을 읽었다'라고 자랑하는 것에 급급해서는 안 된다. 독서는 평생 해야 하는 일이고, 최소 3년은 지나야 '독서의 임계점'에 다다를 수 있다.

"대부분의 사람들은 읽는 방법을 배우는 데 오랜 시간이 걸린다는 사실을 모른다. 나는 80년이 걸렸고, 지금도 완전하다고 말할 수 없다"라고 말한 괴테의 말을 기억하자.

속독법,
패스트 리딩의 착각

06

　대부분의 사람들이 책을 읽으면 무조건 끝까지 가장 빨리 읽어야만 한다는 강박관념을 갖고 있는 것 같다. 독서 속도가 느리면 스트레스를 받는다고 말하는 사람도 있다. '속독 훈련법' '속독 전문학원'까지 있는 걸 보면 속독법이 유행하고 있음을 알 수 있다. 그러나 책을 빠르게 읽는 속독법이 좋다는 생각은 착각이다. 아무리 100권, 1,000권을 빠르게 읽는다고 해도 자신에게 남는 것이 없다면 읽은 시간만 낭비하는 것이다.

　필자는 독서 초보들에게 무조건 속독을 지향하는 것은 잘못된 독서라고 말한다. 속독은 독서 경험이 많고 독해력 있는 사람들에게 맞는 방법이기 때문이다. 독서 초급자들이 스킬만 훈련해서 의

도적으로 속독을 하는 것은 잘못된 방법이다. 독서 초급자들이 속독을 하는 것은 마치 스키 초급자들이 최상급자 코스에서 스키를 타는 것과 마찬가지이다. 중요한 것은 속독이 아니라 한 권이라도 제대로 읽는 것이다.

"달리는 사람은 A지점에서 B지점으로 이동하는 것밖에 못한다. 얼마 전까지만 해도 나도 그랬다. 하지만 어느새 나는 현재에 충실하기 위해 온 힘을 다하는 사람이 되었다. 다시 말해 걸으면서 그 걸음에 집중하는 것이다. 나는 걷는 순간의 매초 매분을 즐긴다. 우리가 가진 현재라는 창문은 우리 모습 그대로 매순간을 느끼며 살게 해준다." [37]

독일 최고의 뇌과학자 에른스트 푀펠 교수의 말처럼 사람들은 어느 순간 목적지를 향해 마치 경주라도 하듯 달려가는 데에만 집중한다. '한 주에 ○권 읽기' '1년에 ○○권 읽기' 같이 독서 목표를 세우는 것은 독서량을 늘릴 수는 있지만 제대로 읽고 이해하는 데는 도움이 되지 않는다. 독서를 할 때 가장 중요한 것은 얼마나 제대로 이해했느냐이지 속도가 아니다. 독서 계획을 세우더라도 결코 읽는 데만 초점을 두어서는 안 된다. 그 책을 읽고 무엇인가를 새롭게 배우고 자신의 의식과 생각이 달라지는 것이 중요하다. 책을 읽고 자신이 성장하고 달라지는 데 초점을 맞추어야 한다.

　　패스트 리딩의 함정에서 벗어나라. 속도에 절대 집착하지 마라. 조금 느려도 제대로 읽는 것이 중요하다. 책 읽는 속도는 자신의 독해력이 높아지면 저절로 빨라진다.

속독의 함정에 빠지지 마라

가장 이상적인 독서 속도는 한 권을 한 시간 전후로 읽는 것이다. 분당 1,000단어 정도 읽을 수 있게 되면 보통 300페이지 되는 책 한 권을 한 시간 전후면 다 읽을 수 있다. 물론 어떤 내용의 책이냐에 따라 이상적인 독서 속도는 다를 수 있다. 어려운 주제의 책이나 인문 고전은 책을 읽다가 어려운 단어가 나올 때 내용을 파악하고 뜻을 이해하며 읽어야 하므로 이상적인 독서 속도가 다르다.

　　필자가 운영하는 〈독서 혁명 프로젝트〉에 참여하는 사람들의 평균 독서 속도를 측정해 보면 분당 150단어 정도에 불과하다. 300페이지 정도 책 한 권을 읽는 데 10시간 전후의 시간이 걸리는 속도이다. 이처럼 사람들마다 이상적인 독서 속도와 실제 속도는 큰 차이가 있기 때문에 자신의 독서 속도를 조금 더 빠르게 하는 훈련을 할 필요는 있다.

그러나 세종대왕은 백독백습의 자세로 책을 읽었고, 다산 정약용은 독서할 때 사색과 성찰을 해야 한다고 강조했다. 속독의 함정에 빠져 무조건 빨리만 읽는 것은 경계해야 한다. 너무 빨리 읽을 경우 뇌의 전전두엽이 내용을 이해하지 못한다. 속도를 따라오지 못하기 때문이다. 때문에 속독에 치중하면서 독서를 하면 자칫 시간만 낭비하고 만다.

'one book one hour', 즉 한 시간에 한 권씩 읽으면 가장 좋은 독서 속도다. 이 정도 속도면 너무 빠르지도 않고 너무 늦지도 않다. 그러나 이 속도에도 너무 집착해서도 안 된다. 많은 책을 읽는 것이 정답은 아니다. 무작정 책을 읽는 것은 독서를 안 하느니만 못하다.

많은 사람들이 의아해한다. 정말 책 한 권을 읽는 데 한 시간이 가장 적합한 시간이냐고 질문한다. 필자의 대답은 한 마디로 이것이다.

'그렇다.'

한국 사회가 독서 후진국인 단 한 가지 이유는 제대로 된 독서법을 배우지 못해서 책을 읽는 데 너무 많은 시간이 걸린다는 것이다.

그렇다고 해서 속독법이 좋다는 말은 아니다. 필자 역시 기존의 속독법을 우려하는 사람들 중 한 명이다. 독서 혁명은 속독법이 절대 아니다. 적정한 속도, 합리적인 속도로 책을 읽어 많이 읽고, 깊게 읽고, 제대로 책을 읽도록 하는 것이다.

슬로 리딩부터 시작하라

07

누구나 다 초보였을 때가 있다. 그런데 이 초보 시절을 충실하게 보내지 않으면 기본기가 제대로 잡히지 않아 결국 어느 정도 수준에서 머무르고 만다. 나중에는 아무리 노력해도 더 이상 성장이나 도약이 힘들게 된다.

독서 초보가 기본기를 다질 수 있는 방법은 무엇일까? 바로 '슬로 리딩slow reading'이다.

'1년에 100권 읽기'가 유행하고, 'O권의 독서량'을 자랑하는 시대에 슬로 리딩은 실천하기 쉽지 않은 방법이다. 그러나 독서의 진정한 효과를 생각한다면 슬로 리딩만이 정답이라고 필자는 생각한다. '100권 읽기'보다 1권을 100번 읽는 '백독백습'이 더 효과적

임을 알기 때문이다.

　　EBS TV 〈다큐 프라임〉에서 '슬로 리딩, 생각을 키우는 힘'이라는 프로그램을 방영한 적이 있다. 초등학교 학생 60명을 대상으로 슬로 리딩 교육을 체험하게 했고, 책을 소리 내서 낭독, 성독(聲讀, 노래하듯이 글을 소리 내 외는 독서법)을 하게 했다. 그 결과 아이들은 훨씬 더 천천히 읽어지고 잘 외워진다고 답했다. 한 아이는 슬로 리딩을 체험한 후 "책의 완전한 사용법을 안 것 같아요"라고 말하기도 했다.

　　슬로 리딩은 말 그대로 '천천히 읽기'이다. 천천히 책 내용과 주변사항을 비교해 가며 읽고, 천천히 단어와 문장을 띄어 읽고, 모르는 낱말을 찾아 읽고 토론하는 느린 방법이다. 슬로 리딩은 '빨리 빨리'만 추구하는 우리나라 사람들을 위한 극약처방이다. 눈으로 빠르게 읽는 것에만 익숙한 사람들에게 슬로 리딩은 책을 온전하게 익힐 수 있는 최고의 방법이다.

　　독서의 기본기를 제대로 다지려면 나이가 아무리 많아도, 지식이 아무리 많아도 슬로 리딩부터 시작해야 한다. 결코 욕심을 내서는 안 된다. 독서만큼 세상에 정직한 것은 없다. 독서 초보가 패스트 리딩으로 많은 책을 아무리 빨리 읽어도 머리에 남는 것이 없다. 슬로 리딩을 완벽하게 익혀야 패스트 리딩도 가능하게 된다. 슬로 리딩을 제대로 해본 적이 없는 사람이 다독가가 된다는 것은 어불성설이다.

필자는 지금도 국립중앙도서관에 가면 먼저 패스트 리딩으로 수십 권의 책을 훑어본 후, 그렇게 읽었던 책 중에서 정말 마음에 남는 책들을 몇 권을 선정해서 슬로 리딩을 한다.

패스트 리딩, 슬로 리딩 모두 필요하다

양식을 먹을 때는 나이프와 포크가 필요하다. 밥을 먹을 때도 숟가락과 젓가락이 모두 필요하다. 마찬가지로 독서를 제대로 하려면 슬로 리딩과 패스트 리딩을 모두 할 수 있어야 한다. 그러나 독서를 제대로 못하는 사람들은 반드시 슬로 리딩부터 시작하고, 어느 정도 숙달이 되었을 때 패스트 리딩을 해야 한다.

'속독이 좋다 vs. 천천히 읽어야 한다'. 이 두 가지 방법 중 하나가 다른 하나보다 더 낫다고 말할 수 없다. 속독법에 대해 다른 책을 읽다보면 자신의 형편없는 독서 속도에 부끄러움을 느낄 수도 있다. 그러나 슬로 리딩이나 천천히 읽기를 권하는 책을 읽다보면 그것이 정답이라는 생각이 들 것이다. 두 가지 모두 필요하고, 모두 익힐 수 있어야 한다. 최고가 된 사람들 역시 두 방법을 모두 사용했던 독서광들이었다.

슬로 리딩의 가장 좋은 방법은 무엇일까? 소리 내어 읽는 방법, 즉 음독이 효과적인 방법이다. 하지만 필자가 추천하는 슬로 리딩 방법은 펜을 들고 노트에 기록하면서 읽는 방법이다. 필자의 슬로 리딩 중 하나가 바로 노트에 기록하면서 읽는 '초서 독서법'이다. 읽고 사유하고 쓰면서 그 책에서 한 가지라도 깨우침을 얻기 위해 노력한다.

소동파가 왕랑에게 준 편지에서 말했다.

"나이가 젊은데 배움이 없는 사람은 한 권의 책마다 모두 숫자를 꼽아가며 차례대로 읽어야 한다. 바다에 들어가면 온갖 물건이 다 있지만, 사람의 정력은 모두 거두어 다 가질 수는 없다. 다만 구하려 하는 바를 얻을 뿐이다. 그런 까닭에 배우기를 원하는 자는 매번 한 가지 뜻으로 이를 구해야 한다." _허균, 《한정록》

책에 따라서는 빨리 읽고 끝내고 싶은 책들이 있다. 그러나 그렇지 않은 책들이 훨씬 더 많다. 절대로 이분법적 사고로 하나의 방식에만 몰입하지 마라.

도서관 100% 활용법

1. 주거래 은행이 있듯이, 주로 가는 메인 도서관을 결정한 후 한 도서관에 올인한다.
2. 도서관의 이용 가능한 시간을 확인하여 방문 시간과 날짜를 결정한다.
3. 가장 최고의 자리가 어디인지 간파한 후 그 자리를 선점하기 위한 최적의 출근시간(?)을 파악한다.
4. 열람실에서 가장 많은 책들을 볼 수 있고, 빌릴 수 있는 최소 동선을 파악한 후 시간 낭비를 줄인다.
5. 도서관 내 혹은 근처에서 가장 저렴하고 맛있는 식당을 파악한다. (식대 2,000~3,000원 이내로 한다)
6. 도서관의 기본 방침 중에서 정말 자신에게 불편한 것이 있다면, 과감하게 도서관 관장실을 노크하라. (도서관의 주인은 세금을 내고 사용하는 우리들이다)
7. 도서관 직원들과 친분을 쌓아라. (반드시 도움이 될 때가 있다. 필자는 많았다)
8. 도서관에서 가장 경치가 좋고, 아늑한 제2의 공간과 장소를 파악해 놓아라. (비가 오면 감상에 젖게 된다. 이때 필요하다)
9. 누군가가 매일 봤다고 인사를 하면서 접근해 오면 절대 인사를 받아주지 마라. 도서관은 책만 보는 장소다. 인사를 받아 주는 순간, 도

서관은 더 이상 도서관이 아닌 친목 공간으로 전락하게 된다. 가장 중요한 도서관 활용팁이다. 이것은 정말 중요하다.

10. 도서관은 매일 가는 것이 중요하다. 하루 안 가면 나의 게으름을 도서관도 알고 나도 알고 하늘도 알고 더 중요한 도서관의 모든 책들이 안다.

"나는 도서관에서 내가 평생 살아도 다 배울 수 없는 세상을 만났다.
그 세상에 나는 그저 방대한 책이라는 마법의 담요를 타고
마음껏 여행을 했다.
나처럼 도서관에 무임승차하고자 하는 이들에게 한 가지
해주고 싶은 말은 이것이다.
'힘을 빼면 더 빨라지고 더 강해진다.'
욕심과 집착을 버리고, 어떤 의도를 버리고 순수하게 도서관에
무임승차할 때 기적을 만나게 될 것이라는 사실이다."

_ 김병완,《나는 도서관에서 기적을 만났다》[38]

제4장

운명을 바꿀 수 있는 유일한 것이 독서다

"천천히, 그러나 끊임없이."

_반 고흐

자신이 편한 책은
한번쯤 의심해봐라

01

삶을 바꾸는 책 읽기란 어떤 것일까? 통찰력을 기르기 위해서는 어떤 독서법으로 책을 읽어야 할까? 어떻게 책을 읽어야 자신이 성장하는 것일까? 도대체 어떻게 책을 읽어야 시간 낭비가 아닌 인생을 바꾸는 책 읽기가 되는 것일까?

읽을수록 불편해지는 책, 즉 읽을수록 '아! 내가 지금까지 인생을 잘못 살아왔구나! 왜 이렇게 살지 못했을까? 왜 이런 삶을 추구하지 않았을까?' 하는 불편함과 깨침을 주는 책이 나를 성장시키고 인생을 바꾸는 책이다.

책을 몰입해서 읽으면 스트레스나 복잡한 현실을 잊고 기분이 편안하고 즐거워진다. 그러나 이런 스트레스 해소용 책 읽기는 '시간을 보내기 위해서'는 좋을지 모르나 자신을 변화시키고 혁신하는 데는 도움이 되지 않는다. 이렇게 부담이 없고 편한 책, 자신이 좋아하는 분야나 작가의 책만 읽어서는 성장이나 발전을 기대하기 어렵다. 생각이 깊어지고 사고의 수준이 넓어지기 위해서는 나와 정반대 성향의 책과 사람들의 삶을 접해봐야 한다.

자신이 편한 책은 한번쯤 의심해봐라. 읽고 난 후에 감동을 느끼거나 배우는 점이 없다면 그냥 시간만 보낸 것이다. 오히려 그 시간에 운동을 하거나 아니면 친구를 만나는 것이 더 나을지도 모른다. 꼭 인문 고전을 읽어야 하고, 소설이나 만화는 읽어봐야 시간 낭비라는 이야기가 아니다. 반응을 불러일으키지 못하는 책은 멀리 하는 것이 좋다는 말이다.

"만화를 읽는다는 사실 자체가 나쁜 것이 아니다. 오히려 만화를 읽고 어떤 점이 나에게 인상적인지, 어떤 주제를 다루고 있는지, 어떤 생각거리를 던져 주는지 말할 수 있다면 의미 있는 독서였다고 생각한다. 그런 관점에서 단지 자극적인 즐거움만 줄 뿐 어떤 질문에도 답을 할 수 없다면 그 책은 좋은 책이 아니라고 말할 수 있을 것이다. … 중요한 것은 '이 책이 나에게 어떤 의미가 있는가'라는 질문을 잊지 않는 것이다."[39]

자신에게 편한 책만 읽어서는 발전이 없다

왜 자신에게 쉬운 책을 읽으면 안 되는 것일까?

"낮은 목표에 만족하는 사람은 아직 모르는 것이 많은데도 이미 알고 있다고 생각하고 아직 배우지 못한 것이 많은데도 이미 다 배웠다고 생각한다."[40]

중국 학자 주자의 말처럼 자신에게 편한 책만 읽다보면 위안을 얻을 수 있을지는 모르지만 앞으로 나아가지 못하고 답보상태에 빠지게 된다. 다양한 철학과 위대한 사람들의 생각들을 만나지 못한 채 자신이 얕은 지식으로 많은 것을 알고 있다는 착각에 빠지게 된다.

어떻게 해야 평범한 사람이 자신을 최고의 존재로 도약시킬 수 있을까? 그 해답은 바로 도전하는 독서 습관에 있다. 자신을 날마다 벼랑 위에 서 있다는 생각으로 돌파구가 될 책들을 골라 읽어야 한다. 이제까지 읽었던 부류의 책들을 계속 읽는 것은 다람쥐가 쳇바퀴 돌리는 것과 다름없음을 알아야 한다.

독자들 중에는 어떤 한 작가의 책만 읽고 다른 작가의 책은 읽지 않는다는 사람들이 있다. 물론 초보 독자라면 자신에게 맞는 책을 골라 책 읽는 습관을 들이는 것이 더 중요하다. 자신의 독서력이 초등학교 수준밖에 안 되는데 수준 높은 책을 읽는다면 배우는 것은 거의 제로에 가깝다.

그러나 지속적으로 성장하고 발전하기 위해서는 자신의 수준보다 어렵다고 여겨지는 책을 골라 읽어야 한다. 자신이 좋아하는 작가의 책만 읽어서는 안 된다. 이러한 책 읽기는 자신의 편협한 사고를 더욱 강화하거나 사고의 틀을 좁게 만들 뿐이다.

"목표를 낮게 세운 뒤에 그것을 달성했다고 만족해서는 안 된다. 목표를 낮게 잡으면 이루기 쉽고, 쉽게 목표를 이루면 발전이 없다."[41]

인생을 바꾸고 싶은 사람들에게 세계에서 가장 영향력 있는 경영 구루이며 마케팅 천재라는 평가를 받고 있는 세스 고딘은 너무 낮게 날지 말라고 충고한다. 너무 낮은 기대와 소박한 꿈에 만족하지 말고 어제보다 더 높게 날기 위해 도전하는 용기와 배짱을 갖고 살라고 말한다.

"너무 높게 나는 것보다 너무 낮게 나는 것이 훨씬 더 위험할 수 있다. 왜냐하면 '안전하다'는 착각을 주기 때문이다. 우리는 낮은 기대와 소박한 꿈에 만족하고, 자신의 능력을 과소평가하면서 안전하다는 느낌 속에 살아간다. 그러나 너무 낮게 날 때 우리는 우리 자신만이 아니라 우리에게 의존하고 도움을 받는 사람들까지기만하게 된다. 잔뜩 겁을 집어먹은 채, 위험을 피하는 데만 급급해진다."[42]

인생이 바뀌기를 바란다면 그런 영향을 미칠만한 책을 잘 선별해서 읽어야 한다. 내게 맞는 책 리스트들을 만들어가는 것이 중요하다. 단순히 베스트셀러라고 해서 선택하는 것이 아니라 의식을 일깨워주는 책을 읽어야 한다.

'오늘의 나는 어제의 나와 달라져야 한다.' 좋은 책을 읽고 생각을 키워나가고 자신의 가치관에 받아들여 삶에 적용해 나가는 것만이 어제의 나와 달라지는 방법이다. 자신을 힘들게 하고 자극을 주는 책을 선택하라. 충격을 주고 생각하게 하는 책을 읽어야 한다. 그것이 진정한 독서이다.

다양한 분야를
넓고 깊게 읽어라

02

 피터 드러커, 앨빈 토플러, 톰 피터스, 세스 고딘처럼 자기 분야에서 최고의 존재가 된 사람들은 독서법이 일반인들과 어떻게 다를까?

 "세계적인 명성을 얻고 있는 석학들 중에는 역사나 철학(인문학)을 외면하고 자신의 연구 분야에만 매달리는 사람들은 별로 없다."[43]

 미네소타대학 의대의 김대식 교수가 밝힌 유명한 석학의 독서법을 보면 자신의 전공분야 책만 파고들어 읽는 것뿐만 아니라 예술, 역사, 철학, 사회과학 등 다양한 분야의 책을 읽는다는 것을 알 수 있다.

사람들은 대체로 행동반경이나 만나는 사람들이 한정돼 있기 마련이다. 그래서 삶을 바꾸기 위해서는, 다른 방식으로 사고하기 위해서는 다른 분야의 사람들을 만나거나 책을 읽는 것이 필요하다.

'일계지손 연계지익 日計之損 年計之益'이라는 말이 있다. 오늘 당장은 손해가 되더라도, 훗날에는 이익이 되는 일을 마다해서는 안 된다는 말이다. 지금 당장은 손해인 것 같지만 사람을 만나고, 시간을 투자해서 책을 읽는 것은 훗날 큰 도움이 되기 때문이다. 인생을 길게 보고 지금 현재 나의 일과 상관없어 보이는, 지혜와 통찰력을 얻을 수 있는 책을 읽어야 하는 이유이다.

인생의 터닝 포인트가 될 책을 읽어라

"초보가 읽을 만한 책 좀 추천해주세요." 이런 분들에게 필자는 주로 자기계발서를 추천한다. 자기계발서를 권하는 이유는 독해력에 상관없이 쉽게 읽을 수 있기 때문이다. 그러나 인생의 터닝 포인트를 만들고 싶다는 이들에게는 역사 관련 책을 권한다.

역사 관련 책들은 다른 책보다 한 권을 읽는 데 두세 배의 시간이 걸린다. 음식으로 비유하자면 자기계발서는 독자들이 쉽게 먹고 소화시킬 수 있는 음식이지만, 고전은 독자들이 쉽게 먹고 소화시킬 수 있는 음식이 아니다. 즉, 읽는 사람이 초보자 수준이라면 자기계발서가 훨씬 더 이해하기 쉽고 접근하기도 쉽다.

반면 인문 고전은 이해하기 위해 여러 번 읽고 많은 시간을 투자해 정독을 해야 하지만 읽고 난 후에는 사고수준과 의식이 확장돼 세상을 내다보는 눈이 길러진다. 단순히 지식과 정보를 수용하는 것이 아니라 의식을 확장하고 생각하는 독서를 하기 때문이다.

"지난 3000년 역사를 활용하지 못하는 사람은 하루살이 같은 인생을 살 뿐이다."

괴테의 말처럼 우리는 지난 역사를 통해 다양한 사람들이 살아온 방식을 탐구하고 어떻게 살 것인가에 대한 해답을 얻을 수 있다. 또한 삶에 교훈이 되는 인물을 만날 수 있고, 그들이 사람의 마음을 얻는 방법과 선택의 순간 어떻게 행동하는지 교훈을 얻을 수 있다.

깊이가 얕은 책을 읽으면 책 읽는 속도가 빨라 마치 독서 고수가 된 것처럼 생각할 수 있다. 조금 느리게 읽더라도 생각과 의식수준이 향상되는 책을 읽어야 한다. 인문 고전의 가치가 여기에 있다.

통찰력을 키우려면 질문을 던지며 읽어라

03

인생을 살다보면 전혀 예측하지 못한 일들과 맞닥뜨리게 된다. 때로는 즐겁고 신나는 일일 수도 있고 힘들고 어려운 일일 수도 있다. 인생을 살다가 어려운 일을 겪을 때 사람들은 스스로 자신에게 질문을 던진다.

'왜 이렇게 되었을까?' '어떻게 하면 이 위기를 잘 극복해 낼 수 있을까?' '앞으로는 어떻게 살아야 이런 실수를 되풀이하지 않을 수 있을까?' '더 나은 삶을 위해서 나는 어떤 사람으로 변해야 하는 것일까?'

위기를 겪게 되면 사람들은 평소보다 더 많은 질문을 스스로에게 던진다. 그 해답을 스스로 찾아내는 사람도 있지만, 대부분 책을 통해, 타인을 통해 얻게 된다. 그러면서 한 단계 더 성장하고 도약하게 되는 것이다.

그런데 별 문제 없이 잘나갈 때는 상대적으로 질문을 적게 하게 된다. 그래서 잘나갈 때가 더 위험한 것이다. 지속 성장하고 더 나은 삶을 살아가려면 스스로에게 질문을 던져야 한다. 위대한 질문을 할 때 사람의 생각은 더 넓어지고 깊어지고 변화하기 때문이다.

"세상에 태어나 한 번뿐인 삶인데, 지금까지 정말 가치 있는 삶을 살아왔는가?"[44]
"어떻게 해야 변화와 성장을 이룰 수 있을까?"

책을 읽을 때도 더 깊은 깨침과 통찰을 얻기 위해서는 질문을 해야 한다.

'이 책을 통해 내가 배워야 할 것은 무엇일까?'
'배운 것을 내 삶에 어떻게 적용할 수 있을까?'
'책 속 주인공과 같이 기가 막힌 말도 안 되는 상황에 맞닥뜨리게 된다면 나는 어떻게 할 것인가?'

'작가는 왜 이런 생각을 했을까?'
'작가가 말하고 싶은 것은 무엇일까?'

책을 읽었다면 최소한 이 책의 내용이 무엇인지 한 문장으로 정리할 수 있어야 한다고 했다. 그러기 위해서는 '이 책이 말하고 싶은 것은 무엇일까?'라는 질문을 하며 책을 읽어야 한다.

질문을 던지면서 책을 읽어라

책을 하루에 천 권을 읽는다고 해도 뜻을 찾지 못한다면 아무 소용이 없다는 옛말이 있다. 가벼운 내용의 자기계발서나 에세이는 읽기만 해도 스트레스가 해소되고 여운이 있을 것이다. 그러나 깊이 있는 인문서나 내용이 심오한 책의 경우 이해하는 데 2~3배 노력이 필요한데, 이러한 책을 속독으로 빠르게 읽기만 하는 것은 잘못된 독서이다. 이런 책을 빠른 속도로 읽으면 잠만 오고 오히려 스트레스가 쌓일 것이다.

책을 읽을 때 가장 중요한 것은 책에 따라 읽는 속도와 자세와 생각하는 방식을 달리해야 한다는 것이다. 책의 종류에 따라 독자가 얻을 수 있는 것이 다르기 때문이다. 지식이나 정보만 얻는 독서로는 깊이 있는 사색을 하기 어렵다.

　반면 인문 고전에서 저자들은 정답이 무엇인지 알려주기보다 독자들에게 심오한 질문을 던진다. 질문을 던지는, 깊은 사색 중심의 독서를 해야 그만큼 깨닫는 것이 생긴다. 인문 고전을 읽을 때는 책을 읽는 속도는 중요하지 않다. 저자가 말하고자 하는 내용이 무엇인지, 질문에 대한 해답을 찾아내려고 많이 생각하는 것이 중요하다.

　'우리는 왜 살아야 하는가? 우리의 존재 이유와 목적은 무엇인가?'
　'어떻게 살 것인가?'
　'어떻게 살아야 가치 있는 삶인가?'

　'우리는 왜 살아야 하는가?'라는 질문을 던져야 살아가야 할 이유를 발견할 수 있게 된다. 지식과 정보에만 집중해서 독서를 한다면 우리는 우리가 왜 살아야 하는지, 존재의 이유와 목적은 무엇인지 생각하지 못한 채 하루하루 연명하기에 바쁠 것이다.

　"질문question이라는 단어 속에는 다른 단어가 들어 있다. '찾아서 추구함quest'이란 아름다운 말, 나는 그 단어를 사랑한다."

엘리 비젤(미국 유대계 작가이자 인권운동가)의 말처럼 정답을 찾아가는 과정이 독서의 핵심이다.

어떤 생각을 하며 읽느냐가 중요하다

04

　대한민국 성인 2,000명을 대상으로 독서에 대해 조사한 결과 성인들이 책을 읽는 가장 큰 이유는 '새로운 지식과 정보를 얻기 위해서'(23.9%)라고 한다. 그 다음으로 '교양을 쌓고 인격을 형성하기 위해서'(18.4%), 스트레스를 해소하고 '마음의 위로와 평안을 위해서'(13.2%), '시간을 보내기 위해서'(16.8%)[45] 독서를 하는 것으로 조사됐다.
　필자는 책을 읽는 목적이 어디에 있느냐에 따라 독서법도 달라져야 한다고 생각한다. 단순히 시간을 보내기 위해서 하는 독서라면 텍스트를 잘 읽기만 하면 될 것이다. 그러나 인격을 형성하기 위해서 독서를 한다면 책을 읽으면서 지식과 정보에 집중하기보다는 지혜와 통찰에 집중해야 한다. 그런 관점에서 본다면 생각하지 않는 독서는 영혼이 없는 육체와 같은 것이다.

"왜 많이 읽어도 나는 변화가 없느냐?"라는 질문을 하는 분들이 있다. 독서에서 생각보다 얻는 것이 별로 없는 이유는 목표 설정이 분명하지 않기 때문이다. 시간을 보내기 위해서, 단순히 많이 읽는 데 목표를 두고 읽는 것은 아닌지 되돌아봐야 한다.

"무작정 읽어 치우는 독서는 별 도움이 안 된다. 한 권의 책을 읽을 때마다 얻으려는 목표를 설정하는 것이 옳다. 역사책에서는 치란흥망의 자취를 읽고, 경전에서는 성현의 마음자리를 본다. 실용서에서 얻을 것은 정보다. 경전을 실용서 읽듯 해서는 안 되고, 역사책을 경서 읽듯 할 것도 없다. 서로 얻어야 할 내용이 다르고, 목표도 같지 않기 때문이다."[46]

허균의 말처럼 목적에 따라 어떻게 책을 읽느냐, 어떤 생각을 하며 읽느냐가 다르며, 같은 책을 읽어도 다른 결과를 얻는다.

그냥 읽지만 말고 생각하는 독서를 하라

한문학자이자 다독가로도 유명한 한양대 정민 교수는 '입으로만 읽는 앵무새 공부, 읽는 시늉만 하는 원숭이 독서를 경계하라'고 말한다.[47] 흉내만 내는 독서를 경계하라는 말일 것이다.

책은 사고력을 향상시켜주는 가장 좋은 수단이다. 그런데 책을 읽기만 하고 생각하지 않는 독서는 마치 먹기 대회에 나가서 음식의 맛을 제대로 음미하거나 제대로 소화시키지 않고 허겁지겁 먹어대는 참가자와 다를 바 없다. 이러한 책 읽기는 생각하고 성찰할 시간이 없다.

'인생을 왜 살아야 하며, 우리의 존재 이유가 무엇인가' '인생을 어떻게 살아야 하는가'라는 철학적인 질문에 대한 해답은 생각하는 독서를 통해서만 찾을 수 있다. '경영학자의 이론을 우리 조직과 기업에 어떻게 적용할 수 있을까?' 하는 답도 마찬가지이다.

필자는 독서를 통해 기적을 만났다고 자신 있게 말한다. 독서를 통해 부나 어떤 명성을 얻었기 때문이 아니다. 독서를 통해 얻은 가장 큰 변화는 스스로 생각할 수 있는 주체적인 사람이 됐다는 것이다. 3년간 1만 권의 책을 읽으면서 생각과 의식수준이 확장되었고, 의식수준이 달라지자 다르게 세상을 살아갈 수 있게 되었다. 독서를 통해 역사적으로 뛰어난 성인·위인 등의 인물들과 만날 수 있었고, 그 인물들의 장점을 내 삶에 어떻게 적용할 수 있을까 끊임없이 생각한 덕분이다.

중국의 학자 주자는 책의 참뜻을 이해하려면 눈으로 보고眼到 입으로 소리 내어 읽고口到 마음으로 깨닫心到는 '독서삼도讀書三到'를 하라고 말한다. 즉, 몸과 마음을 다해 책 읽기에 집중하라는 뜻이다.

단순히 독서가 아니라 생각하는 독서를 하라. 생각하는 독서는 당신의 인생이 바뀌는 터닝 포인트가 될 것이다.

학사 한 사람이 책을 보다가 반도 못 보고는 땅에 던지며 말했다.
"책만 덮으면 바로 잊어버리는데 본들 무슨 소용인가?"
현곡 조위한이 말했다.
"사람이 밥을 먹어도 뱃속에 계속 머물러 둘 수는 없다네.
하지만 정채로운 기운은 또한 능히 신체를 윤택하게 하지 않는가.
책을 읽어 비록 잊는다 해도 절로 진보하는 보람이 있을 것일세."

_ 이익 《성호사설》 중 '조현곡' [48)]

읽기와 쓰기를 병행하라

05

다산 정약용이 18년간 500여 권의 책을 집필할 수 있었던 이유는 읽기와 쓰기를 병행했기 때문이다. 정약용은 주제별로 노트를 만들어 내용을 메모하고, 책을 읽은 후에 필요한 내용을 뽑아 필사하고 자신의 생각을 더해 기록해 체계적으로 분류했다. 이것을 바탕으로 500여 권의 방대한 책을 집필할 수 있었던 것이다.

"아무리 읽어도 머리에 남지 않아요"라고 말하는 사람들을 보면 대개 텍스트를 눈으로 읽기만 한다.

"부지런히 메모해라. 쉬지 말고 적어라. 기억은 흐려지고 생각은 사라진다. 머리를 믿지 말고 손을 믿어라. 메모는 생각의 실마리다. 메모가 있어야 기억이 복원된다. 습관처럼 적고 본능으로 기록하라."[49]

정약용의 말처럼 사람의 기억력은 지속되지 않는다.

눈으로 읽기만 하는 독서는 한계가 있다. 읽을 당시에는 감동이 남지만 시간이 지나면 어떤 내용이었는지도 가물가물해진다. 독서를 했다면 책 한 권을 한 문장으로 정리할 수 있어야 제대로 된 독서라고 했다. 책의 내용을 기억하기 위해서라도 책을 읽고 난 후에는 책의 내용을 정리해 두어야 한다. 필사를 추천하는 것은 손을 사용해 초서하면서 독서를 해야 남는 것이 있기 때문이다.

'쓰기'라고 해서 책 쓰기만을 의미하는 것은 아니다. 읽기를 하면서 함께 독서노트를 작성하는 정도의 쓰기를 의미한다. 제목과 저자, 책을 읽은 날짜와 핵심 내용을 정리한 한 문장 정도면 충분하다. 감명 깊게 읽은 구절과 페이지를 필사해 놓으면 훌륭한 독서노트가 된다. 필자는 이렇게 만든 독서노트들로 50여 권의 책을 집필할 수 있었다.

"읽기는 쓰기의 기초이며 쓰기는 읽기의 연장이다. 읽기와 쓰기는 본래 하나이며 서로 보완하는 개념이다. 양쪽 모두 균형 있게 공부해야 좋은 성과를 거둘 수 있다."

마크 트웨인의 말처럼 독서에서 읽기와 쓰기는 시너지를 내는 효과적인 방법이다.

쓰면서 생각이 발전되고 성장한다

요즘은 리포트, 기획서, 보고서, 회의록 같은 비즈니스 글쓰기뿐만 아니라 페이스북, 트위터, 블로그 같은 SNS에서도 짧은 글쓰기가 일상화된 시대이다. 이제 글을 쓰지 않고 성공적인 삶을 살아갈 수 없는 시대가 된 것이다. 그런데 독서를 할 때도 꼭 쓰기를 해야 하는 것일까? 15년 동안 하버드 학생 1,600명과 인터뷰를 한 하버드대 교육학과 리처드 라이트 교수는 하버드대 학생들의 대학생활 성공비결을 몇 가지로 요약하여 책으로 펴낸 적이 있다.

이 책에서 리처드 라이트 교수가 강조하는 하버드대 학생들의 공부법 중 하나가 '글을 잘 쓰는 기술'이다. 리처드 라이트 교수뿐만 아니라 많은 교수들이 글쓰기가 대부분 학생들의 학교생활과 학문적 성공에서 중대한 역할을 하고 있다고 결론을 내렸다.

"글쓰기에 주력하라. 하버드대 학생들은 대부분 1년에 100페이지 이상의 리포트를 쓴다. 이들이 4년간 가장 신경 쓰는 분야가 바로 글쓰기다. 자신의 의견을 글로 효율적으로 표현할 줄 아는 능력은 대학생활은 물론 직장생활을 할 때도 결정적인 성공요인이다." [50]

이처럼 글쓰기는 대학생활의 성적뿐만 아니라 직장생활을 할 때에도 결정적으로 중요한 성공요인이라고 리처드 라이트 교수는 주장하고 있다.

《하버드 수재 1600명의 공부법》을 보면 세계 최고 명문대인 하버드대를 졸업한 졸업생들 중 90% 이상의 졸업생들이 그들이 하고 있는 일에서 가장 중요한 것 중에 하나가 '글 잘 쓰는 기술' 이라고 말하고 있다는 것을 알 수 있다.[51]

미국 같은 선진국일수록, 전 세계 상위권 대학교일수록, 앞선 사람들일수록 글 잘 쓰는 기술을 그 어떤 기술이나 학문보다도 더 상위에 두고 있다는 것을 필자는 이 책을 통해 뼈저리게 깨닫게 되었다. 글을 잘 쓰는 사람은 생각이 명료하고 정확하게 정리되기 때문에 사고력이 높아진다. 그 결과 무엇을 해도 그렇지 못한 사람보다 잘할 수 있고, 창조적이고 유연한 사고를 할 수 있는 사람이 된다.

독서량이 무조건 부와 성공과 비례하다고 할 수 없다. 하지만 독서력이 뒷받침된 독서량은 성공과 비례한다고 필자는 생각한다. 이것을 가장 확실하게 입증해 보여주는 사람이 바로 필자다. 필자의 경우 독서력이 형편없었을 때는 사회적으로 별 볼일 없는 사람이었지만, 독서력이 급상승하고 독서량이 평균인들의 양을 수십 배 혹은 수백 배 뛰어넘게 되자 대한민국 1%의 연봉과 수익을 창출해내는 사람이 되었다.

중국 북송시대 정치가이자 문필가였던 왕안석은 매우 중요한 말을 남긴 바 있다.

"가난한 자는 책으로 부유해지고, 부유한 자는 책으로 귀해진다."

하지만 이 말은 이제 반쯤 맞고 반쯤 틀렸다고 필자는 생각한다. 왜냐하면 시대가 달라졌기 때문이다. 이제는 독서의 시대에서 나아가 저서의 시대다. 독서의 귀결은 독서가 아니라 저서, 즉 책을 쓰는 것이다.

필자의 원래 목표는 평생 독서만 하는 것이었다. 하지만 3년 정도 독서를 하자 저절로 집필하게 되었고, 그 결과 3년 동안 50여 권의 책을 출간하게 되었다. 필자는 부자가 되었고, 성공한 기업가가 되었다. 필자가 독서만 했다면, 그것도 밥만 먹고 6년 동안 독서만 했다면, 어떻게 되었을까?

이제는 글을 쓰는 시대다. 아니 글을 써야만 하는 시대다. 말을 하지 않고 살아갈 수 없듯 우리는 글을 쓰지 않고 살아갈 수 없는 시대에 살고 있다. 필자가 운영하는 〈저자되기 프로젝트〉, 일명

작가 양성소는 20대 여대생부터 60대 어르신까지 전국에서 참여하는 프로젝트이다. 자신이 직장인이든, 교사든, 책 쓰기 코치이든, 신문사 편집국장이든, 논술 강사든 상관없이 너무나 다양한 분들이 참여한다.

참여하는 분들의 단 한 가지 공통점은 프로젝트를 7주만 참여해도 눈부신 성장과 의식 혁명을 하게 되고, 글쓰기 실력이 일취월장한다는 것이다.

필자가 이렇게 책 쓰기 코치 혹은 신문사 편집국장, 논술 강사, 작가들에게 '책 쓰기 코치'를 할 수 있는 실력과 내공을 쌓게 된 비결은 무엇일까?

한 가지로 정리하면 책을 읽을 때마다 반드시 '초서 독서법'으로 초서를 했기 때문이다. 초서 독서법을 단순히 베껴쓰기로 오해하는 사람들이 적지 않다. 하지만 필자가 집필한 《김병완의 초의식 독서법》에도 나와 있듯이 초서 독서법에는 엄연하게 5단계 과정이 있다.

이 과정대로 책을 읽고 쓰고, 요약하고, 의식을 확장시키게 되면 누구나 일취월장하는 독서력을 가질 수 있게 된다. 그 과정에서 절대 빼 놓아서는 안 되는 것이 손으로 직접 쓰는 것이다.

연암 박지원 역시 '읽은 책을 요약하고, 이를 소재로 자신의 생각을 덧붙여라'고 쓰기의 중요성을 강조했다. 쓰기는 자신의 생각을 정리하는 과정이다. 쓰면서 자신의 생각과 의식수준이 발전되며 결국 자신을 성장시킨다. 독서만 하고 끝나는 사람보다 쓰기를 병행하면 훨씬 더 자신의 성장과 인생에 도움이 된다.

학창시절 공부 때문에 억지로 해야 했던 독후감 작성, 독서노트 쓰기의 경험 때문에 쓰기 하면 부정적인 생각을 갖고 있는 사람들이 많다. 그러나 쓰기는 독서와 별개가 아니라 책을 읽고 자신의 것으로 주체적으로 소화시키는 과정이다. 똑같은 책을 읽었어도 필사나 생각을 정리해 쓰기를 한 사람과 안 한 사람은 배우고 익히는 것이 다르다.

독서노트 작성 원칙

1. 혼자 알고 있기에 아까운 글, 나중에 되새겨 보고 싶은 글을 기록한다.
2. 독서노트는 자신의 독서량을 뽐내기 위한 것이 아니다. 저자와 나눈 소통의 기록이다. 저자의 생각과 핵심 문장을 노트에 필기하고, 그 옆에 간단하게 자신의 생각을 첨부하라.
3. 길게 작성하지 마라. 자신이 읽은 책을 기록으로 남기는 것으로 충분하다. 보통 독서노트하면 A4 몇 장 내외 등 정해진 분량을 채워서 써야 한다고 생각해 스트레스를 받는다. 독서노트 쓰기를 숙제처럼 생각하지 마라. 익숙해지면 자연스럽게 길게 쓸 수 있게 된다.
4. 독서노트에 책을 읽은 날짜와 책 제목, 저자 이름, 인상 깊은 문장과 그 문장이 나온 페이지를 같이 메모하라. 나중에 자신의 책을 쓸 때 유용하다.
5. 책 읽을 때마다, 생각날 때마다 습관처럼 써라. 나중에 써야지 생각하면 어영부영하다가 작성하지 못한다.

제5장

기적은
한 권의 책으로부터 시작된다

"학문學問이라는 단어는 배우는 것學 묻는 것問을 모두 가리키는
말이다. 우리는 열심히 배워야 할 뿐 아니라
열심히 묻기도 해야 한다."

_마오쩌둥

리더들이 책을
손에서 놓지 않는 이유

01

세상만사가 자신의 뜻대로 다 되지 않을 때가 있다. 인생을 살면서 원하던 일이 뜻대로 잘 안 풀릴 때, 큰 어려움에 부딪힐 때 똑같이 어려운 상황에서 누군가는 실패하고, 누군가는 성장하는 이유는 무엇일까?

"창업자의 독서량이 많지 않다고 해서 문제가 되지 않지만, 사회에 나와서도 책을 읽지 않는 것은 경계해야 한다."

다독가로 소문난 알리바바 마윈 회장의 말처럼 성공한 리더들은 험난한 세상을 이기는 방법을 책에서 배운다고 고백한다.

알리바바 마윈은 지금은 중국의 성공한 사업가가 되었지만 청년시절 무수한 좌절을 경험했다. 대입에 실패하고, 30번이나 취업을 거절당했으며, 삼수 끝에 겨우 대학에 합격할 수 있었다. 그 후에도 창업을 하기까지 마윈은 수많은 고비를 겪었다. 마윈이 포기하지 않고 도전할 수 있었던 것은 중국 작가 루야오路遙의 《인생》[52]에 나오는 "시련을 겪지 않고, 무지개를 보려하는가"라는 한 구절 덕분이라고 한다.

부자이거나 소위 성공했다고 평가받는 사람들, 리더들도 어려움에 부딪히기는 마찬가지이다. 그런데 이들의 공통점은 어려울 때일수록 손에서 책을 놓지 않는다는 점이다. 빌 게이츠 역시 주중에 30분씩, 주말에는 3~4시간씩 책을 읽는다고 한다. 가장 성공한 투자자 워런 버핏은 매일 깨어 있는 시간의 3분의 1 이상을 독서에 투자한다. 독서의 위력을 누구보다 더 잘 알고 있기 때문이다.

책을 읽어도 그 책의 지혜와 통찰, 깊은 사유와 성찰을 자신의 삶에 적용하지 못하는 사람들이 많다. 작심삼일이 되더라도 실천하고, 위험을 감수하고 모험을 해봐야 인생이 바뀔 수 있다.

**독서는 자기 자신을
바꾸려는
최소한의 노력이다**

"원래 성공 비결은 좀처럼 남에게 가르쳐 주지 않아요. 그런데 뜻밖에도 성공한 사람이 열심히, 어떻게 하면 사람들이 쉽게 알아들을까 생각하며 고생고생해서 쓴 것이 책이란 말입니다."53)

중학교 졸업의 학력으로 일본 최고의 부자가 된 사이토 히토리의 말이다.

당신이 책을 좋아하든 싫어하든 책을 읽어야만 하는 이유도 바로 이것이다. 우리가 위인이라고 부르는 사람들, 창의적인 방식으로 성공한 사람들, 세계를 이끄는 사람들의 생각과 삶의 방식, 성공 과정을 책을 통해 볼 수 있기 때문이다. 리더들이 책을 손에서 놓지 않는 이유도 이 때문이다.

"한 권의 책을 읽음으로써 자신의 삶에서 새 시대를 본 사람이 너무나 많다."

《월든》의 작가 헨리 데이비드 소로우의 말처럼 우리는 책을 통해 세상을 정확하게 꿰뚫어 볼 수 있으며, 미래까지도 내다볼 수 있다. 위기를 극복할 수 있는 조언을 얻을 수 있고, 책 속에서 진정한 스승을 만날 수 있으며, 진정한 친구도 만날 수 있다.

"가난한 사람은 책으로 인해 부자가 되고, 부자는 책으로 인해 존귀하게 된다(빈자인서이부 부자이서이귀, 貧者因書而富 富者因書而貴)." 중국 주나라에서 송나라에 걸쳐 가장 보배로운 글만을 모아 엮었다는 《고문진보古文眞寶》에 나오는 글이다.

독서는 인생을 잘사는 연습이다. 독서를 하지 않으면 그 일을 좀더 잘할 수 있는 좋은 환경을 스스로 포기하게 되는 것과 다름없다. 그 결과는 독서를 하지 않는 만큼 당신이 직접적으로 손해를 보게 되는 것이다. 독서는 자기 자신을 바꾸려는 최소한의 노력이기 때문이다.

아침에 일어나 세수를 하듯이
독서를 하라

02

"운명은 그 사람의 성격에 의해서 만들어진다. 그리고 성격은 그 사람의 일상생활의 습관에서 만들어진다. 좋은 습관으로 성격을 다스린다면 그때부터 운명은 새로운 문을 열 것이다."

영국의 극작가 데커는 일상생활의 좋은 습관이 좋은 운명을 개척한다고 말한다.

독서야말로 사람이 자신을 최고의 존재로 도약시킬 수 있는 좋은 습관이다. 독서를 통해 새로운 세상과 만날 수 있고, 우리가 현실 세계에서는 도저히 만날 수 없는 크고 방대한 세상을 볼 수 있다.

평범한 사람이 독서를 통해 성장을 하고 인생이 바뀐 경우가

적지 않다. 존 스튜어트 밀이나 윈스턴 처칠 등은 독서를 통해 스스로를 비범한 존재로 발전시킨 인물들이다. 이처럼 위대한 인물, 훌륭한 가문, 위대한 나라를 만든 것은 독서 습관이다. 올바른 독서 습관을 익힌다면 한 분야에서 평범한 사람도 비범한 성과를 창출해낼 수 있는 사람으로 바뀔 수 있다. 필자 역시 독서를 통해 평범한 직장인의 인생에서 저자로, 강사로 바뀐 사람이다. 독서 습관 덕분에 작가로서 운명을 개척하게 된 것이다.

필자는 독서의 매력을 알게 된 이래로 매일 책을 읽는 것을 원칙으로 삼는다. 한 권이 아니라 때로는 여러 권이 될 때도 있지만 얼마나 많은 양의 책을 읽었느냐는 하나도 중요하지 않다. **매일 아침 세수하듯이 매일 독서를 하는 것이 중요하다.**

아침의 늦잠을 포기해야 하고, TV 시청과 친구들과의 수다를 포기해야 한다. 시간을 때우기 위해 읽는 것이 아니라 일부러 시간을 내서 읽어야 한다. "하루라도 책을 읽지 않으면 입 속에 가시가 돋는다 —日不讀書口中生荊棘." 안중근 의사의 말처럼 독서를 안 하는 것이 오히려 어색해질 정도가 되어야 한다.

책은 지식과 정보뿐 아니라 아디이어와 창조력을 지속적으로 생산해낼 수 있는 보고이다. 이런 책들을 매일 읽으면 자신의 삶을 더 나은 삶으로 개선시키고 성장시킬 수 있을 뿐 아니라 나아가 자신이 속한 조직, 회사, 국가를 더 탄탄하게 만들어갈 수 있다.

책 읽기는 숨을 쉬고 밥을 먹듯이, 물을 마시는 것처럼 해야 한다. 우리가 마시는 공기와 먹는 밥, 마시는 물에 따라 몸이 바뀌고 건강이 달라지듯이, 읽는 책에 따라 인생도 달라진다.

독서의 즐거움을 체험해보라

"즐거운 독서는 운동만큼 건강에 유익하다."

칸트의 말처럼 독서는 단순히 책 읽기 그 이상의 가치와 의미, 효용과 재미가 있다. 책 내용에 몰입해서 읽으면 아무리 힘든 일이 있었더라도 순식간에 현실의 세계를 잊고 책 속의 세계로 빠지게 된다. 때로는 감동을, 때로는 머리카락이 쭈뼛쭈뼛해지는 전율을 느끼기도 한다.

독서는 큰 세상을 경험하고 위대함을 배우고 힘든 일을 버티고 살아낼 수 있게 해주는 힘이 있다.

"책 읽는 습관을 기르는 것은 인생에서 모든 불행으로부터 스스로를 지킬 피난처를 만드는 것이다."

《달과 6펜스》로 유명한 영국의 작가 서머싯 몸이 한 말이다. 피난처가 없는 사람은 위기 상황일 때 불행으로부터 몸과 마음을 보존할 수 없게 되지만, 피난처가 있는 사람은 스스로를 지키고 재충전하여 언제든 새로운 인생을 시작할 수 있다.

그런데 한 권도 집중해서 읽기 어렵다고 느끼는 사람들에게는 매일의 책 읽기가 힘들게 느껴진다는 것이 문제다. 2만 권의 장서가로도 유명한 독서 대가 장석주 시인이 수만 권 이상의 책을 독파해낼 수 있었던 비결을 들어보자.

"나는 날마다 책 한 권 읽기를 실천하는 원칙을 따르려고 애쓴다. 책과 친해지고, 책을 잘 읽을 수 있는 나의 방법은 다음과 같다. 첫째, 먼저 책에 몰입한다. 몸과 마음을 이완하고 책에 흠뻑 빠져든다. 둘째, 책 읽는 즐거움 그 자체를 소중하게 여긴다. 책 읽기에서 즐거움을 찾지 못한다면 지속하기 어렵다. 셋째, 책 사는 데 돈을 아끼지 않는다. 읽어야 할 책들을 꼼꼼하게 고르고 그것들을 사들인다. 책들을 고르는 과정에서 이미 책 읽기는 시작한다. 넷째, 읽은 책들을 다 기억하려고 애쓰지 않는다. 기억은 상상력을 한정하지만, 망각은 무한상상력의 텃밭을 일구는 쟁기다."[54]

과거 조선시대나 근대만 해도 종이가 비싸고 책이 귀해 귀족층과 사제들, 양반들만 책을 접할 수 있었다. 그러나 이제는 누구나 책을 쉽게 접하고 독서를 즐길 수 있는 시대가 되었다. 도서관, 서점, 학교, 스마트기기 등 책을 접할 수 있는 경로도 다양해졌다.

　필자는 하루 10~15시간씩 도서관에서 책을 읽으며 쉽게 책을 접하고 읽을 수 있는 시대에 태어난 사실에 감사했었다. 직장생활을 할 때보다 도서관에서 책을 읽을 때가 더 신나고 즐겁고 행복하다. 여러분도 책 읽기, 그 혁명 같은 짜릿함을 경험해보라.

편협한 사고방식을 경계하라

03

 "편식 좀 그만 해라." 부모님들이 밥상머리에서 자식들에게 얘기하는 단골 멘트이다. 편식을 하면 우리 몸에 영양 불균형이 일어나고 건강이 안 좋아지기 때문에 걱정해서 하시는 말씀일 것이다. 독서도 마찬가지다.

 새로운 분야의 책, 나와 다른 생각을 하는 저자의 책을 읽어야 독서 영역이 넓어지고 새로운 세계를 볼 수 있게 된다. 독서를 하는 주된 이유 중 하나는 자신과 다른 다양한 생각과 세계와의 조우이다. 그런데 자신의 생각과 하나도 다른 것이 없는 책들을 읽는 것은 결국 자신의 생각을 수없이 되풀이하는 것에 불과하다. 하루에 10권, 일 년에 100권, 1,000권을 읽어도 자신의 성장과 변화가 없는 독서가 된다.

"책을 통해 스스로를 도약하고 정신적으로 성장해 나가고자 하는 데는 오직 하나의 원칙과 길이 있다. 그것은 읽는 글에 대한 경의, 이해하고자 하는 인내, 수용하고 경청하려는 겸손함이다. 그저 시간이나 때우려고 읽는 사람은 좋은 책을 아무리 많이 읽은들 읽고 돌아서면 곧 잊어버리니, 읽기 전이나 후나 그의 정신은 여전히 빈곤할 것이다."[55]

소설가 헤르만 헤세의 말처럼 작가를 이해하고 경청하지 않는다면 아무리 많은 책들을 섭렵한다고 해도 변화는 일어나지 않는다. 자신의 편견을 과감하게 깨뜨리지 못한 채 편견은 더 강해지고 의식수준은 달라지지 않는다.

책을 많이 읽으면 자신의 실수를 빨리 깨닫게 된다

독서를 통해 얻을 수 있는 가장 큰 이점은 책에서 저자만의 독창적인 생각들과 새로운 관점들을 접할 수 있다는 점이다. 그런데 독자들이 빠지는 함정 중 하나는 이미 자신의 세계관이 만들어진 상태에서 책을 읽고, 어떤 책을 읽든 그 세계관에서 크게 벗어나지 않는다는 점이다.

독일의 최고 뇌과학자이자 뮌헨대학 임상심리학과 교수, 인문학 센터장을 맡고 있는 에른스트 푀펠은 《노력중독 : 인간의 모든 어리석음에 관한 고찰》에서 '편견, 잘못된 관점이 어리석음을 낳는다'고 말한다.

"어떤 텍스트도 '백지 상태'로 주어지지 않으며 모든 것은 사전에 형성된 패턴에 의해 읽혀진다는 사실을, 우리는 작가가 쓴 것과는 달리 자신의 경험과 생각에 비추어 텍스트의 내용을 읽는다. 독자들은 책에 쓰인 내용을 읽는 것이 객관적인 지식을 전달받는 것이라는 착각에서 벗어나야 한다. 그 착각이야말로 독서의 과정에서 생겨난 것일 뿐이다."56)

독자가 자신만의 생각의 틀을 견고하게 갖고 있을 경우 철학자나 위인들의 생각이 담긴 책을 읽더라도 그 생각을 잘 받아들이지 못한다는 것이다. 똑같은 책을 읽었더라도 독자에 따라 배우는 것과 생각의 변화가 천차만별이다. 누군가에게는 인생을 바꾸는 책이지만 누군가에게는 아무것도 아닌 것이 되는 것이다.

그렇다면 어떻게 편견이나 편협한 사고방식에서 벗어날 수 있을까? 영국의 정치가 벤저민 디즈레일리는 한 권의 책만 읽은 사람을 경계하라고 했다. 다양한 분야의 책을 읽고 저자의 다양한 주장과 의견들과 조우하면서 생각하는 독서를 하는 것이 편협한 사고방식에 빠지지 않는 올바른 독서 방법이다.

세상에서 가장 어려운 일이 자기 자신에 대해 정확하게, 제대로 아는 일이다. 그래서 서양의 현자 디오게네스는 "자신을 아는 일이 가장 어렵다"고 말했으며, 노자도 "누군가를 정복할 수 있는 사람은 강한 사람이지만, 자신을 정복할 수 있는 사람은 위대한 사람이다"라고 조언한다.

다른 사람에게 충고하는 일은 쉽지만 정작 자신에게 충고하는 것은 쉽지 않다. 그런데 책을 많이 읽는 사람은 자신의 실수를 남들보다 더 빨리 깨달을 수 있게 된다. 남들보다 더 빨리 고치고 수정하기 때문에 어제보다 더 나은 오늘을 살게 된다. 독서를 하면 할수록 생각과 의식수준이 바뀌고 향상되어야 올바른 독서인 것이다.

사색하는 독서를 해야 남는 게 있다

"자유시장은 공정한가? 돈으로 살 수 없는, 또는 사서는 안 되는 재화도 있을까? 그렇다면 그것은 어떤 재화이며, 그것을 사고파는 것이 왜 문제가 될까?"[57]

하버드대학의 마이클 센델 교수는 전쟁 수행과 대리 임신이라는 사례를 통해 '정의란 무엇인가'라는 질문을 던진다. 마이클 센델 교수는 《정의란 무엇인가》 책과 강의에서 '이런 문제가 있다면 어떻게 대응할까'에 대해 어떤 선택을 하든, 어떤 사고방식을 가지고 있든 그것이 맞는 것인지 한 번 더 생각해보게 만든다.

'조상의 죄를 우리가 속죄해야 하는가?'
'정치에 참여하지 않고도 좋은 사람이 될 수 있는가?'
'연대는 우리 사람만 챙기는 편애인가?'
'어떤 상처를 입어야 상이군인 훈장을 받을 자격이 있을까?'[58]

마이클 센델 교수가 던지는 질문들은 어느 것 하나 쉽게 대답을 할 수 있는 것이 없다. 그가 던지는 정의에 대한 답을 찾고 철학적인 논의를 하다 보면 어느새 생각 수준이 올라가고, 다양한 의견과 주장과 토론을 접하면서 편견과 아집이 깨지는 경험을 하게 된다. 책을 읽고 맹목적으로 학습해왔던 습관에서 벗어나 주체적으로 독서를 하게 되는 것이다.

"생각하면 얻고 생각하지 않으면 얻지 못한다."[59]

맹자의 말처럼 다양한 주장과 의견들을 접하고 생각해야 독서에서 얻는 것이 생긴다. 책을 읽을 때는 자신의 사고의 틀을 모두 내려놓고 겸허하게 배운다는 생각으로 읽어라. 많이 버릴수록 많이 채울 수 있다.

독서는 겸손이다

04

　도서관에서 책만 읽기 시작한 후 1~2년 동안 수천 권의 책을 독파했을 때 필자는 '내가 세상에서 가장 똑똑한 사람'이 된 것 같은 착각에 빠졌다. 엄청난 권수의 책을 읽었고, 우연한 기회로 TV에 나가게 되면서 다독가로 알려지다 보니 어느새 교만해지고 자만하게 된 것이다.

　그런데 읽은 책의 권수가 5,000권이 넘어서자 제대로 된 식견과 통찰력이 생기기 시작했다. 책을 읽으면 읽을수록 필자보다 더 많이, 더 열정적으로, 더 책에 미친 사람들이 많다는 것도 알게 되었다.

　"옷소매가 길어야 춤을 잘 추고 돈이 많아야 장사를 잘하듯 머릿속에 5,000권 이상이 들어 있어야 세상을 제대로 뚫어보고 지혜롭게 판단할 수 있다."

정약용은 5,000권을 사람이 해야 할 독서량이라고 말한다. 5,000권을 읽어야 세상을 제대로 뚫어볼 수 있는 통찰력이 생긴다는 것이다. 1년에 100권씩 읽는다고 계산했을 때 50년을 꾸준히 읽어야 5,000권의 책을 읽을 수 있다. 이 사실을 알고 난 후로 필자는 "독서했다고 함부로 말하지 마라"고 말한다.

세종대왕이 책을 읽을 때마다 백독백습을 하고, 수많은 선비들이 절대 책을 허투루 읽지 않고 수백 번 수천 번 읽고 또 읽었던 것도 바로 이 때문이다. 독서란 것이 계속 배워가는 과정이기 때문이다. 사람은 현재 자신의 위치에 만족하지 않고 계속 정진해야 더 높은 경지에 다다를 수 있다.

"오늘날 읽기는 누구나 다 배우지만, 얼마나 강력한 보물을 손에 넣었는지를 진정으로 깨닫는 이는 소수에 불과하다는 얘기다. 난생 처음 글을 배워 혼자 힘으로 짧은 시나 격언을 읽어내고 또 동화와 이야기책을 읽게 된 아이는 스스로 얼마나 대견해 하는가. 그런데 소명을 받지 못한 대개의 사람들은 이렇게 배운 읽기 능력을 그저 신문기사를 읽는 데나 활용할 뿐이다."[60]

_ 헤르만 헤세, 《헤르만 헤세의 독서의 기술》.

겸손하게 읽어야 깨우침을 얻을 수 있다

'독서가 주는 최고의 선물은 겸손'이라는 말이 있다. 필자는 독서의 자세는 겸손이라고 여긴다. 독서도 어느 정도 익숙해지면 자칫 교만해지거나 안하무인이 될 수 있다.

몇 권을 읽었다거나, 무슨 책을 읽었다 하며 자랑처럼 말하는 사람들을 주변에서 흔하게 본다. 독서는 권수나 어떤 책을 읽었는지보다 독서를 통해 성장과 발전할 수 있는 존재가 되는 것이 더 중요하다. 그러기 위해서는 겸손한 자세로 책 내용과 저자의 주장에 귀를 기울이고 경청해야 한다. 겸손한 자세로 읽지 않는다면 아무리 많은 책을 읽어도 하나도 효과가 없을 수도 있다. 배운다는 생각으로 읽었을 때 많은 울림과 깨우침이 있는 제대로 된 독서를 할 수 있다.

"21세기에는 지식과 기술이 가장 중요하다. 그 중에서 가장 중요한 기술은 신지식을 배우는 기술이다. 왜냐하면 스티븐 코비가 말했듯이 지식은 2년 만에 가치가 절반으로 떨어지기 때문이다. 나아가지 않으면 나빠진다. 따라서 매일 30분에서 1시간 이상 자기 분야에 관한 책을 읽어라. TV, 라디오, 신문을 버리고 자기 분야에서 가장 성공한 사람의 베스트셀러를 읽어라. 1년 내에 연봉이 2~3배 올라간 자신을 발견하게 될 것이다."

브라이언 트레이시의 말처럼 1~2년 만에도 세상이 급변하고 있다. 제대로 된 식견과 통찰력이 없으면 세상을 정확하게 판단할 수 없는 시대가 된 것이다. 이런 시대에 어리석고 우둔한 선택을 하지 않으려면 끊임없이 배우고 조언을 해줄 멘토를 옆에 두어야 한다. 필자는 책이야 말로 사람에게 가장 좋은 교육기관이며, 최고의 멘토라고 생각한다. 그래서 조언을 필요로 하는 상황이 있다면 그 분야의 대가가 쓴 책을 찾아 읽는다.

학창 시절에는 선생님과 선배들이 멘토의 역할을 해주지만, 학교를 졸업하고 사회인이 되고 나면 조언을 해줄 멘토를 찾기 힘들다. 이때 직장인들이 만날 수 있는 최고의 멘토가 책이고, 독서는 그들과 대화를 나누는 시간이다. 심리학자의 조언이 담긴 책을 읽으면 닫힌 마음이 열리고 상처가 치유되는 경험을 하게 된다. 자기계발이나 동기부여 메시지가 담긴 책을 읽으면 우유부단하고 소극적이었던 사람도 적극적으로 도전할 수 있는 용기가 생긴다. 독서가 우리에게 줄 수 있는 가장 큰 유익이 바로 이런 것들이다.

많은 사람들이 독서를 심심풀이용이나 혹은 돈을 많이 버는 방법을 배울 수 있는 수단, 성공하는 처세를 배우는 목적으로 한다. 하지만 독서의 진정한 효용성은 어리석은 자신을 되돌아 볼 수 있게 해준다는 데 있다. 그런 점에서 지식과 정보만 얻는 독서가 되어서는 안 된다.

자신의 사고 틀에서 벗어나 독서를 하라

05

"독서가 우리를 멍청하게 만든다!"

독일 최고의 뇌과학자 에른스트 푀펠 교수의 말이다. 독서가 우리를 멍청하게 만들다니 상식적으로 이해하기 힘든 말이다. 에른스트 푀펠 교수는 한국의 획일적인 교육 결과에 대해《노력중독》에서 다음과 같이 언급한다.

"한국에서 온 김 군은 학창시절 우등생이었을 뿐만 아니라 대학에서 전공한 신경학 분야에서도 뛰어난 성적을 보유하고 있다. 하지만 그것은 전적으로 복제 가능한 지식에 지나지 않았으며, 독창적인 지성 면에서는 처참한 낙오자였다. 비정상적인 조합이나 연관성에 대한 상상력이 전무했으며 새로운 아이디어나 학문 방식을 고안하고 발전시키는 능력은 형편없었다. 엄청난 지식으로 무장한 젊은 과학자가 실제로는 바보와 다름없는 게 아닌가!"[61]

사람들은 책을 몇 권 읽었다는 것에 중점을 두는 경향이 있다. 그래서 어디까지 읽었다, 몇 권을 읽었다라고 자랑하듯이 말하곤 한다. 책을 읽을 때도 지식과 정보를 암기하는 데 치중하고 상상하고 깊이 있는 생각은 하지 않는다. 그러다 보니 수학 분야에서는 뛰어난데도 자신의 의견을 말하는 토론이나 창의력이 필요한 분야에서는 성과를 올리지 못하고 있다.

독서법에 대해 궁금해 하는 사람들 역시 대개 "책을 많이 읽으려면 어떻게 해야 하나요?"라는 질문을 한다. 책을 읽으면 무조건 끝까지 가장 빨리 읽어야만 한다는 강박관념에 빠진 것처럼, 마치 경주하듯이 책을 많이 빨리 읽으려고만 한다. 책을 전혀 읽지 않는 사람들도 큰 문제이기는 하지만 속독이나 단순히 책 읽는 자체에만 주목하는 것도 문제일 수 있다.

눈으로만 읽는 독서는 경계하라

에른스트 푀펠 교수가 말한 '독서가 우리를 멍청하게 만든다'는 독서의 양과 속도에 조바심 내는 한국 사람들에게 큰 시사점을 준다.

    독서가 우리를 멍청하게 만들 수도 있다는 생각은 한 번도 해 본적이 없을 것이다. 하지만 무조건 독서라고 해서 다 좋은 것은 아니다. 우리를 멍청하게 만드는 독서도 있다. 독서의 의미를 생각하지 않은 채 눈으로만 읽는 독서는 일종의 중독 상태라고 할 수 있다. 눈으로만 읽기 때문에 감동이나 배움, 인생을 뒤바꿀 만큼 강렬한 깨우침이나 전율을 느끼기 어렵다. 책을 읽어서 자신을 변화시키지 못하고 인생이 바뀌지 않는 독서는 그저 시간을 흘려보내는 것이다. 독서가 현실을 망각하게 하는 행위는 아니다. 이런 독서 행위는 어떤 점에서 '독서 중독'이다.

    필자는 눈으로만 읽는 독서는 단순한 책 감상일 뿐이라고 여긴다. 그렇다면 어떻게 해야 진짜 독서를 할 수 있을까? 바로 '자신의 생각에서 벗어나 독서를 해야 한다'. 겸허한 자세로 독서를 하는 사람은 어떤 책을 읽든 자신의 생각을 먼저 내세우지 않는다. 먼저 작가의 생각과 책 내용을 수용하고 나서 나중에 자신의 생각을 정리한다. 이런 방법으로 독서를 해야 인생의 변화가 생기고, 내면이 성장한다.

좋은 독서 : 독서 시간 = 즐거운 시간 = 유익한 시간 = 삶이 바뀌는 시간!

좋은 독서를 하려면 책을 대할 때 마음을 비우고 책을 통해 배우고자 하는 겸허한 자세를 갖추는 것이 무엇보다 중요하다. 자신을 비워야 그 책의 생각과 철학, 주장과 의견에 대해 마음을 열어 수용할 수 있다. 단순히 책을 얼마나 읽었다고 말하는 양적 중시 사고는 제대로 된 독서라고 할 수 없다.

우리 선조들은 이런 병폐를 잘 알고 있었기 때문에 한 권의 책을 완전하게 소화시킬 때까지 수백 번 혹은 수천 번 반복해서 읽었다. 책을 읽고 완전히 자신의 것으로 체화할 수 있어야 생각이 바뀌고 변화가 일어나며 결국 인생이 달라지는 것이다. 이렇게 읽어야 5,000권, 1만 권의 독서량이 진정한 힘을 발휘하게 된다.

"선비가 하루 동안 독서하지 않으면 면목이 곱지 못하고, 언어가 곱지 못하고, 갈팡질팡하여 몸을 의지할 데가 없어지고, 결국은 마음 둘 데가 없어진다."

조선시대 대표적인 독서광이었던 박지원은 《연암집》에서 독서의 중요성과 효과에 대해 이렇게 강조한다. 독서가 중요한 것은 우리의 삶을 좀더 나은 것으로 만드는 일이며, 독서를 통해 우리가 어제보다 오늘 더 성장하고 있다는 사실이다. 자기 스스로를 더 높일 수 있고, 전혀 다른 존재로 만들어줄 수 있는 행위가 바로 독서이다.

좋은 독서는 책을 통해 더 큰 세상을 경험하고 배우는 것이다. 그러려면 책을 읽을 때마다 어제까지 한 번도 발견하지 못한 신세계를 발견하는 탐험가가 되어야 한다. 자기 자신의 생각과 의식이 성장하고 달라지는 것이 훨씬 더 중요하다.

조선시대 학문을 시작하는 이들을 가르치기 위한 교과서였던 《격몽요결》에서 독서 중독에서 벗어나 제대로 독서하는 방법을 찾을 수 있다. 조선의 대학자 율곡 이이가 강조한 독서 태도인 '허심평기 숙독정사虛心平氣 熟讀精思(마음을 비우고 기운을 평안하게 하여 익숙하도록 읽고 정밀하게 생각하라)'는 시간 낭비와 같은 독서를 예방할 수 있는 자세를 배울 수 있다.

"마음을 비우고 평정심을 유지하고, **입에 붙듯이 숙달해서 읽고, 정밀하게 사유하면서 책을 읽어야 한다**"는 의미이다.

이이는 독서할 때 경계해야 하는 것으로 누군가를 비판하거나 평가하기 위해 책을 읽는 것을 조심하라고 말한다. 즉, 마음을 비우고 자신의 편견과 사고의 틀을 모두 내려놓고, 겸허하게 배우기 위해 책을 읽어야 하며, 대충대충 읽어서는 안 되고, 정밀하게 사유하며 통달하게 될 만큼 숙달해서 읽어야 한다.

1년 전과 지금을 비교했을 때 하나도 변한 것이 없는가? 성장이 없었다면 독서를 해야 할 때이다. 책을 통해 자신을 하루하루 성장시킬 수 있는 사람이 되어야 한다.
　보통 사람들이 오로지 독서를 통해 천재로 도약하게 되는 것을 역사를 통해 알 수 있다. 존 스튜어트 밀이나 윈스턴 처칠은 독서를 통해 비범한 존재로 스스로를 발전시킨 인물들이다. 이들의 공통점은 책에 미쳤다는 말을 들을 정도로 독서를 했다는 점이다. 프랑스 역사상 가장 위대한 대통령으로 평가받고 있는 샤를 드골이 "위대해지려고 각오한 자만이 위인이 될 수 있다"고 말한 것처럼 위대해지려면 마음가짐이 가장 중요하다. 목숨을 걸고 독서를 하는 사람들은 결국 독서의 위력을 경험하게 된다. 위대해지고 싶은 마음자세와 독서가 시너지 효과를 발휘해 도약하는 삶을 경험하게 된다.

책을 읽었다면
의식이 달라져야 한다

06

 지금까지 '최고가 된 사람들은 과연 어떤 책을 많이 읽을까? 그리고 어떻게 그것을 인생에 적용시킬까?'에 대해 알아봤다. 최고가 된 사람들은 타고난 환경이나 현재 자신의 처지에 한탄하거나 포기하지 않고 독서를 통해 자신의 운명을 바꾸었다는 것을 알 수 있었다.
 독서의 목적은 단순히 읽는 것이 아니라 자신의 사고와 생각수준을 성장시키고 의식을 바꿔 궁극적으로 인생을 변화시키는 것이다. 독서를 통해 인생의 목표와 가치를 찾고 자신의 것으로 만드는 것이다. 그래서 현재의 자신을 바꾸고 싶다면 독서가 정답이다.
 인생이 바뀌는 독서를 경험하고 싶다면 책을 읽을 때 지금까지 당신이 하던 생각을 완전하게 버리고 신선한 공기를 마시고 새로운 경치를 보고 느끼듯, 새로운 생각의 세계로 들어가기 위해 자신의 의식수준과 생각의 틀을 버려야 한다. 또한 매일의 독서 습관을 길러 의식이 달라질 때까지 꾸준히 읽어야 한다. 적당히 읽어서는 의식이 달라지는 '독서의 임계점'을 절대 돌파할 수 없기 때문이다.

읽는 것에 그치고 행동하지 않는 독서는 반찬 없이 차려진 밥상이나 다름없다. 책에서 읽은 것들을 지식과 정보로만 갖고 있는 것이 아니라 이를 활용하여 새로운 지혜와 아이디어로 만들어내려고 노력해야 한다.

독서는 나를 만들어가는 공부

"인간은 주어진 존재가 아니라, 자기 자신이 스스로를 어떻게 만드는지에 따라 또다른 모습을 갖는다."

실존주의자 사르트르의 말처럼 독서는 평범한 보통 사람이 내적·외적 성장을 가능하게 해주는 수단이다.

그렇다면 어떻게 책 읽기를 해야 의식이 달라질 수 있을까? 책 읽기가 두렵고 힘든 사람들을 위해 지금까지의 내용을 정리해

간단한 팁을 제시하겠다.

1. **고전부터 읽지 마라.**
2. **속독으로 읽지 마라.**
3. **눈으로만 읽지 마라.**
4. **자기 세계만 고집하지 마라.**

인문 고전을 읽는 것은 세상을 보는 시야를 넓히고 생각을 키우는 좋은 일이다. 하지만 독서 경험이 많지 않고 독해력이 부족한데 인문 고전부터 읽기 시작하면 책 읽기가 지루하게 느껴지고 의식의 변화는커녕 시간만 낭비하게 된다. 독서에 관심을 가진 단계에서는 자기에게 맞지 않는 책이 있으면 안 읽어도 된다. 현대 일본 최고의 지식인으로 불리는 다치바나 다카시 역시 "자신의 수준에 맞지 않는 책은 과감히 버려라. 시간 낭비일 뿐이다"라고 말한다.

독해력이 부족한 사람은 독서에 대한 어려움을 느낀다. 비슷한 수준의 책만 읽는 것도 문제이지만 너무 어려운 책을 읽는 것도 문제이다. 처음에는 읽기 쉬운 인문 입문서나 교양서를 선택해 독해력을 높이는 것이 중요하다.

많은 사람들이 자신의 독서 속도와 능력에 불만을 가지고 속독에만 치중하는 것도 독서를 방해하는 문제이다. 책을 많이 읽다 보면 자연히 책 읽는 속도가 빨라진다. 속독에 치중하기보다는 책의 내용을 어떻게 자신의 것으로 체화할 것인가에 더 집중해야 한다.

책을 아무리 많이 읽어도 인생이 바뀌지 않는 사람들의 가장 큰 특징은 책과 인생이 '따로 따로'라는 것이다. 눈으로만 읽는 것이 아니라 감명 깊게 읽은 책 내용을 자신의 삶에 적용할 수 있어야 한다.

"책을 제대로 읽은 사람과 무작정 읽은 사람은 어떤 문제가 주어졌을 때 금세 구분된다. 문제 앞에서 허둥대며 수선만 떤다면 여태까지 그의 독서는 죽은 독서다. 상황 속에서 비로소 위력을 발휘해야 제대로 한 독서다."[62]

허균의 말처럼 책을 제대로 읽은 사람은 삶이 흔들릴 때마다 책에서 위기상황을 극복할 수 있는 힘을 발견한다. 실패해서 넘어져도 다시 일어설 수 있는 밑천이 생기는 것이다.

독서야말로 '나를 만들어가는 공부'라고 생각한다. 책과는 담을 쌓았다가 대학교를 다니는 4년 동안 1만 권의 책을 독파하고 전혀 다른 인생을 살게 된 베스트셀러 저자 센다 타쿠야, 50대 후반에 주말만 제외하고 매일 1권씩 책을 읽은 일본 독서의 신 마쓰오

카 세이고, 1만 권의 책을 독파하고 난 후 전혀 다른 인생을 살게 된 김병완…. 어떤 나를 만들지는 어떤 책을 읽었는지, 어떻게 읽었느냐에 따라 달라질 것이다.

그럼에도
다독을 해야 하는 이유

07

도서관에 가면 수백만 권의 책과 만날 수 있다. 그렇다고 그 수백만 권의 책을 다 읽을 수는 없다. 현실적으로 불가능한 일이다. 그럼에도 불구하고 다독을 해야 하는 이유가 있다. 한 권의 책은 완벽하지 않기 때문이다. 다시 말해 우리가 읽은 한 권의 책이 정답은 아니기 때문이다.

"한 권의 책을 읽은 사람은, 두 권의 책을 읽은 사람의 지도를 받게끔 되어 있다."

링컨의 말처럼 다독을 해야 하는 이유는 좀더 높은 곳으로 나아가기 위해서이다.

필자는 단 한 권의 책도 무시하지 말라고 말하곤 한다. 한 권을 읽지 않는다면 두 번째 책도 제대로 읽어내지 못하고, 두 번째 책을 읽지 않는다면 세 번째 책도 읽지 않았을 것이기 때문이다.

인간은 스스로 성장해 나가야 하는 유일한 존재다. 그렇다면 스스로 성장할 수 있게 해주는 유일한 도구는 무엇인가? 그것은 바로 한 권의 책이다. 한 권 읽은 사람보다 두 권, 세 권… 더 많이 읽은 사람이 더 많이 성장하게 된다. 다독을 한 사람과 하지 않은 사람의 삶은 격차가 크다.

우리는 읽은 만큼 성장하게 될 뿐만 아니라 읽은 만큼 세상을 볼 수 있게 된다. 나아가 읽은 만큼 더 큰 세계를 스스로 만들 수 있다. 우리가 다독을 해야 하는 이유가 바로 이것이다. 읽은 만큼 우리의 세계(생각, 의식수준, 경험…)는 넓어지기 때문이다.

그 어떤 책도 완벽할 수 없다

세계적인 과학자이자 옥스퍼드대학의 석좌교수인 리처드 도킨스는 《이기적 유전자》에서 '신은 존재하지 않는다'고 주장하면서 전 세계 사람들을 충격과 논란에 빠뜨렸다. 리처드 도킨스 교수는 인간은 신의 창조물이 아니라 '사람을 비롯한 모든 동물이 유전자가 만들어 낸 기계'[63]라고 주장한다.

반면, 옥스퍼드대학에서 똑같이 생물학 박사학위를 받은 알리스터 맥그라스는 《도킨스의 신 : 리처드 도킨스 뒤집기》에서 '신은 존재한다'고 결론을 내린다. 알리스터 맥그라스는 "신이 존재하지 않는다는 그 어떤 증거도 없으며, 도킨스의 주장은 전부 오류가 있다"라고 말한다.

이처럼 세상에는 논리적으로 정반대의 입장을 취하며 대응하는 책과 사람들이 수도 없이 존재한다. 누구의 주장이 정답일까? 과학자들은 리처드 도킨스가 맞다고 할 것이고, 신학자들은 알리스터 맥그라스의 주장이 옳다고 말할 것이다.

코페르니쿠스가 "지구는 태양 주위를 도는 별에 지나지 않는다"는 '지동설'을 주장하기 전까지 사람들은 '태양이 지구를 돈다'는 것을 진리라고 생각하며 살았다. 어쩌면 먼 미래에 과학적으로 '신'이 증명될 수도 있고, '이기적인 유전자'가 발견될 수도 있다. 현재의 우리로서는 정답을 알 수 없다.

그렇기 때문에 그 어떤 작가도 그 작가의 주장도 정답일 수는 없고, 완벽하다고 할 수는 없다. 이렇게 반대되는 주장이 존재할 수 있는 문제에 대해 한 권의 책만 읽고 그 내용을 절대적으로 믿는다면 당신의 세계관은 편협해질 것이다. 항상 반대의 주장이나 의견이 있을 수 있으므로 다양한 주장의 책들을 읽어봐야 한다.

그 어떤 책도 상반되는 견해의 책을 가지고 있다

21세기의 마르크스라고 불리는 토마 피케티는 《21세기 자본》에서 현대사회의 불평등에 대해 강하게 이야기한다. 이 책의 주장을 요약해서 정리하면 이렇다.

"불평등이 가장 큰 문제다. 불평등을 없애야 한다. 불평등을 없애기 위해서는 부자들에게 더 많은 세금을 받아야 한다. 불평등은 경제성장률보다 자본수익률이 커지게 되면 더 심화된다."

그런데 이 책만 읽은 독자는 21세기 자본주의에 대해 비판적이고 부정적인 견해를 가지고 평생 살아가게 될 확률이 매우 높다. 왜냐하면 토마 피케티의 말대로라면 '불평등'한 사회를 만든 현대 자본주의는 잘못된 시스템이기 때문이다.

그렇기 때문에 토마 피케티의 《21세기 자본》을 읽은 사람은 반드시 2015년에 노벨 경제학상을 받은 앵거스 디턴의 《위대한 탈출》이라는 책도 읽어 봐야 한다. 앵거스 디턴은 토마 피케티와 전혀 상반되는 주장을 한다. 경제 발전이 불평등을 더 야기하는 것이 아니라, 오히려 인류 전체의 복지를 증대시키고 있다는 것이다. 특히 그는 수명과 물질적 번영은 21세기 자본주의의 선물이라고 주장한다. 또 불평등이 21세기 자본주의 문제가 아니라 오히려 눈부신 성장의 결과물이라고 말한다.

궁극적으로는 다독을 해야 하는 이유는 여기에 있다. 토마 피케티의 《21세기 자본》을 읽은 독자는 세상은 점점 더 불평등해지고 있다고 하소연할지도 모른다. 하지만 앵거스 디턴의 《위대한 탈출》을 읽으면 세상은 그 어느 때보다 평등해졌다고 감사하게 될지도 모른다.

두 사람의 책을 모두 읽고 비판적으로 생각한 후에야 자신만의 결론을 내릴 수 있다. 그리고 자본주의에 대한 자신만의 생각을 확립할 수 있다.

어떤 한 권만 읽고 그 책의 내용이나 저자의 주장이 무조건 옳다고 생각하는 것은 매우 위험한 일이다. 편협한 생각에 빠질 수 있기 때문이다. 그러지 않기 위해서는 서로 다른 주장을 하는 책들을 읽어보고 비교분석해야 한다.

내 생각이 무조건 옳다고 생각하는가? 나와 다른 생각이 담긴 책은 읽을 필요가 없다고 생각하는가? 그렇다면 당신의 편협한 생각에 메스를 들어야 할 때이다.

제6장

인생의 중요한 순간에
이 책을 읽어라

"쟁기와 칼은 손의 확장이다.
망원경은 눈의 확장이다.
그러나 책은 그 이상이다.
책은 기억의 확장이다."
_ 호르헤 루이스 보르헤스(아르헨티나의 소설가)

신입사원을 위한 추천도서
《왜 일하는가》 _ 이나모리 가즈오

01

일본에서 '경영의 신'이라 불리는 이나모리 가즈오는 인생의 초반에는 실패와 불행이 더 많은 낙오자였다. 중학교 입학시험에서도 떨어졌고, 결핵을 심하게 앓으면서 수업을 듣지 못한 날이 많았다. 전쟁 때문에 집까지 불타버리고, 대학 진학과 취직도 마음대로 되지 않았다. 취업이 잘되지 않아 결국 월급도 제때 나오지 않는 회사에 다니게 되었다. 그는 모든 게 불안한 젊은 시절을 보냈다. 그런 그가 '교세라'를 창업한 이후 50여 년간 단 한 번 적자 없이 회사를 세계적 규모로 키운 전설적인 CEO가 되었다.

집안이 부유하지도 않았고, 남에게 내세울 스펙도 없었던 이나모리 가즈오가 자신이 깨달은 '일하는 이유'와 '일하는 방법'을 가르쳐주고자 집필한 책이 《왜 일하는가 : 이나모리 가즈오가 성공을 꿈꾸는 당신에게 묻는다》다.

이나모리 가즈오가 미래도 보이지 않는 적자투성이 회사에 입사해 동기들은 다 떠나고 혼자만 남았을 때 주변 사람들은 그를 걱정했고 동정했고, 어떤 이들은 야유 섞인 말로 그를 폄하했다. 그러나 그는 '지금 하고 있는 일을 즐기자'고 결심한다. 현재 하고 있는 일에 최선을 다해보자라는 생각이 교세라의 회장, 가장 존경받는 일본의 3대 기업가 이나모리 가즈오를 만들었다고 그는 직장인들에게 조언한다.

"일생은 모든 순간순간이 쌓여야만 이루어진다. 지금 이 순간의 1초, 1초가 모여 하루가 되고, 그 하루하루가 쌓여 1주일, 1개월, 1년 그리고 일생이 된다. 제아무리 위대한 업적도 사소한 것들을 착실하게 쌓는 데에서부터 출발한다."[64]

이나모리 가즈오는 먼저 우리가 살아가는 인생길은 수많은 시련과 역경, 고통으로 가득 차 있지만, 그러한 시련과 불행을 이겨내고 삶을 행복하게 바꿔주는 놀라운 힘은 일에 몰두하는 데 있다고 말한다.

그는 신이 도와주고 싶을 정도로 열심히 일에 전념했다. 일에 몰두하면 할수록 놀라운 결과를 얻을 수 있었고, 주변 사람들의 평가도 좋아졌다.

"역경에 부딪쳤을 때, 자기가 처한 상황을 긍정적으로 받아들이고, 어떤 순간에도 노력을 멈추지 마라. 절대로 주저앉지 마라. 그러면 반드시 신은 보답한다. 내가 그랬듯이."[65]

일을 대하는 자세를 말하다

《왜 일하는가》는 김신 삼성물산 상사부문 사장이 사회생활을 처음 시작하는 신입사원에게 추천하는 책이기도 하다. 김신 사장은 "주어진 일에 최선을 다하라. 그러면 그 일을 사랑하게 되고, 인정받게 되리라"라는 이나모리 가즈오의 메시지가 "당연해 보이는 말이지만 가장 기본이 되는 원칙"[66]이라고 말한다.

"입사 후 3년쯤 지나면 회의감이 생기는 직원들이 많다. 그런데 이나모리 가즈오는 생각을 바꿨다. 현재 하고 있는 일에 최선을 다해보자. 그렇게 바뀐 생각이 지금 교세라의 회장 이나모리 가즈오를 만든 것"이다.[67]

우리가 살아가는 인생은 수많은 시련과 역경과 고통으로 가득 차 있지만, 그러한 시련과 불행을 이겨내고 삶을 행복하게 바꿔

주는 놀라운 힘은 일에 몰두하는 데 있다. 위인이라고 부르는 사람, 성공을 해서 많은 부와 명예를 획득한 사람들은 모두 엄청난 집중력으로 자신의 일에 몰두했던 사람들이다.

"나는 그들에게 '세상에 태어나 한 번뿐인 삶인데, 지금까지 정말 가치 있는 삶을 살아왔는가?' 라고 되묻고 싶다. 나아가 그들에게 내가 깨달은 '일하는 이유'와 '일하는 방법'을 가르쳐주고 싶다. 왜 일해야 하는지, 그리고 일을 통해 무엇을 깨달을 수 있는지 알려주고, 열심히 일함으로써 앞으로 어떻게 될지 알려주고 싶다."[68]

단순히 먹고 살기 위해 일을 하고 있는가? 일은 단순한 생계수단이 아니다. 일에 최선과 전심전력을 다하면 변화와 성장의 토대가 된다고 이나모리 가즈오는 말한다. 어떤 이들은 일을 통해 스스로를 단련하고 마음을 갈고 닦으며 삶의 가치를 발견하기도 한다.

생각해보자. 어떤 일이든 처음에는 낯설고 시행착오를 겪기 마련이다. 겁도 나고 손에 익지 않아 서투르고 힘들기도 할 것이다. 하지만 자신에게 주어진 일을 천직이라고 생각하고 즐겁게 일하다 보면 새로운 자신의 가능성을 발견할 수 있게 된다.

자신의 가능성을 믿어야 한다. 공부한 것이 없어서, 배운 것이 없어서, 지식과 기술이 없어서 할 수 없다고 자신의 한계를 정해 버리면 결코 새로운 일에 도전하거나 더 높은 목표에 다다를 수 없기 때문이다.

일을 할 때 어떤 마음가짐과 자세로 해야 하는지에 대해서 궁금하다면 이 책을 꼭 읽어보기를 바란다.

신입사원을 위한 추천도서 리스트

1. 《나는 왜 이 일을 하는가 : 꿈꾸고 사랑하고 열렬히 행하고 성공하기 위하여》, 사이먼 사이넥.
2. 《구글은 어떻게 일하는가 : 에릭 슈미트가 직접 공개하는 구글 방식의 모든 것》, 에릭 슈미트.
3. 《유쾌한 소통의 법칙 67》, 김창욱.
4. 《48분 기적의 독서법》, 김병완.
5. 《혼, 창, 통 : 당신은 이 셋을 가졌는가》, 이지훈.
6. 《퍼펙트 워크 : 열심히 일하지 말고 완벽하게 일하라》, 왕중추, 주신위에.
7. 《일을 했으면 성과를 내라 : 대한민국 최고의 성과 창출 전문가가 말하는 일의 해법》, 류랑도.
8. 《리틀 빅 씽 : 사소함이 만드는 위대한 성공 법칙》, 톰 피터스.
9. 《심플 : 일상과 비즈니스에 혁신을 가져오다》, 앨런 시겔, 아이린 에츠콘.

성장하고 싶은 사람을 위한 추천도서
《어떻게 배울 것인가》_존 맥스웰

02

"바보의 정의 : 총을 선물로 받는다. 깜박 잊고 그 총을 기내용 가방에 넣어 공항에 간다. 보안 요원들이 식겁한다!"

500만 명의 글로벌 리더들이 최고의 리더십 멘토로 선정한 존 맥스웰은 어느 날 연방법상 범죄에 해당하는 행동을 하고 만다. 권총을 서류 가방에 넣고 깜박한 채 공항의 보안 검색을 통과하려 한 것이다. 그 결과 수갑이 채워진 채 경관에게 끌려가서 범인 식별용 얼굴 사진을 찍고, 한참 후에 보석금을 내고서야 석방되었다.

성공하는 사람과 실패하는 사람의 가장 큰 차이는 무엇일까? 존 맥스웰은 실패에서도 배울 수 있는 자세라고 말한다.

'왜 나는 이 모양이지?' '왜 내 인생은 어제와 별반 다를 바 없지'라고 한탄하며 인생을 살고 있는 사람들의 공통점은 배움에 대한 자세가 없다는 것이다. 시련과 역경도 고마운 변화의 기회이며, 그러한 역경을 회피하거나 도망치지 말고 제대로 껴안으라고 존 맥스웰은 말한다.

잘 나가는 세계 최정상급의 강사이자 작가인 존 맥스웰은 자신의 어처구니없고 바보 같은 실패 경험을 트위터에서 솔직하게 고백했다. 실패조차도 위대한 교훈과 경험이 될 수 있다는 것을 알려주기 위해서였다.

"삶은 역경으로 가득 차 있다. 우리는 그 역경에 눌려 으스러질 수도 있다. 역경 때문에 단단해질 수도 있다. 아니면 최선을 다해 역경을 이용해서 상황을 더 낫게 만들 수도 있다. 영국의 수상이었던 윈스턴 처칠은 이렇게 말했다. '난 평생 동안 받은 비판에서 계속 이득을 봐왔습니다. 그리고 비판을 안 받았던 때는 한 번도 없었다고 기억합니다.'"[69]

**성장하려면
항상 겸손하라**

그렇다면 우리는 어떻게 해야 변화와 성장을 이룰 수 있을까?

어떤 사람들은 실패를 딛고 일어선다. 반면에 어떤 사람들은 실패를 통해 추락하고 회복 불능 상태에 빠진다. 자존심이 센 사람들은 실패와 실수를 자신의 스승으로 삼지 못한다. 그 결과 아무리 많은 실패와 실수를 거듭해도 어떤 성장과 변화도 없는, 실패만 거듭하는 사람이 된다.

반면 역경과 실패를 '배움의 기회'로 삼는 사람들은 실패를 딛고 성공한다. 우리는 실패를 통해 오히려 한 뼘 더 성장하고 성숙해진 자기 자신을 만날 수 있다. 오히려 실패가 돈으로 환산할 수 없을 정도로 큰 스승이며 학교인 것이다. 이러한 배움은 성장의 원동력이 된다.

'삶은 배움의 연속이다.'

기억하자. 자존심보다는 겸손을 선택하는 사람이 더 많이 배우고 성장할 수 있는 사람이다.

"자신에 대해 명확하고 현실적인 견해를 가질 정도로 겸손하면, 자신이 저지른 실수, 실패들 역시 명확하고 현실적으로 보게 마련이다. 이렇게 명쾌하게 상황을 판단할 수 있는 능력 덕분에 배우고 성장할 수 있다. 성공이란 우리에게 닥쳐올 문제와 실수들을 없애는 게 아니라 그런 일들을 겪으면서, 그런 것들과 함께 성장하는 것이다."[70]

성공하는 사람과 실패하는 사람의 가장 큰 차이를 만드는 것은 실패를 다룰 수 있는 능력이다. 성장하기 위해서는 포기가 아닌 도전을 선택해야 한다. 자존심이 아니라 배움을 선택해야 한다.

성장하고 싶은 사람을 위한 추천도서 리스트

1. 《린치핀 : 당신은 꼭 필요한 사람인가》, 세스 고딘.
2. 《용서해야 할 101가지 이유》, 에드워드 할로웰.
3. 《지금 중요한 것은 무엇인가 : 게리 해멀이 던지는 비즈니스의 5가지 쟁점》, 게리 하멜.
4. 《불씨》, 도몬 후유지.
5. 《디테일의 힘》, 왕중추.
6. 《시도하지 않으면 아무것도 할 수 없다》, 지그 지글러.
7. 《WOW 프로젝트》, 톰 피터스.

리더를 위한 추천도서
《도쿠가와 이에야스 인간경영》 _ 도몬 후유지

03

　재주나 능력이 뛰어난 사람이 꼭 성공하는 것은 아니다. 오히려 재주나 능력보다 덕망이 높고 인재를 포용할 수 있는 사람이 더 크게 성공한다. 인간에 대한 이해 없이는 경영에서나 인생에서 장기적으로 성공할 수 없다. 결국 인간경영이 모든 것을 좌우하는 것이다.

　그렇다면 어떤 식으로 사람들과 관계를 맺어야 할까? 기업이나 조직 내에서 인간관계를 어떻게 대처하고 다루어야 하는 것일까?

　일본 CEO들이 가장 닮고 싶은 인물 1위로 꼽는 도쿠가와 이에야스는 뛰어난 용인술로 전국시대 최후의 승자가 되었고 쇼군이라는 최고의 자리에 오른 인물이다. 그의 인간관리 전략은 도쿠가와 막부가 260년 동안 안정적으로 번영하고 유지되는 기초가 되었다.

도쿠가와 이에야스의 용인술은 가까운 이들에게는 적절한 선을 긋고, 멀리 있는 이들에게는 다가가는 전략이다. 그는 한 사람에게 꽃과 열매를 동시에 쥐어주지 않았다. 즉, 권력을 준 자에게는 경제력을 주지 않고, 경제력이 있는 자에게는 인사권과 결정권과 같은 권력을 주지 않는다. 이렇게 함으로써 한 사람이 독단적으로 행동하는 것을 막고 서로 견제하도록 만들었다.

"도쿠가와 이에야스의 파벌 만들기는 가까운 자보다 먼 자를 선택하여 가까운 자의 질투심을 일으킨다는, 사람의 약점을 확실하게 간파한 교묘한 것이었다. 이런 관리가 260년에 걸친 도쿠가와 주식회사의 기초가 되었다."[71]

《육도》, 《손자》, 《삼략》, 《사기》, 《공자》 등 중국 고전을 즐겨 읽었던 도쿠가와 이에야스는 세상과 사람 다루는 법을 이 책들에서 많이 배웠다고 한다. 가까운 측근들을 믿고 모든 것을 맡긴 리더가 측근에게 배신을 당해 화를 입거나 측근 때문에 몰락하게 되는 경우를 역사에서 종종 보게 된다. 그래서인지 도쿠가와 이에야스는 늘 측근을 경계했고, 민심의 동향을 파악해 여론을 자기 것으로 만들었다.

**인내심을 갖고
때를 기다리면
기회는 반드시 온다**

여섯살에 인질로 다른 가문에 보내지고, 어느 정도 자리를 잡은 후에도 40년간 2인자에 머물러야 했던 도쿠가와 이에야스가 천하의 주인이 될 수 있었던 것은 인내심 덕분이다. 그는 절대 성급하거나 조급해하지 않았다.

"사람의 일생은 무거운 짐을 지고 가는 먼 길과 같다. 그러니 서두르지 마라. 무슨 일이든 마음대로 되는 것이 없음을 알면 오히려 불만 가질 이유도 없다. 마음에 욕심이 차오를 때는 빈궁했던 시절을 떠올려라. 오로지 자신만을 탓할 것이며 남을 탓하지 마라. 모자라는 것이 넘치는 것보다 낫다. 자기 분수를 알아라. 풀잎 위의 이슬도 무거우면 떨어지기 마련이다."

_ 도쿠가와 이에야스의 유훈遺訓

인내심을 갖고 때를 기다려 기회를 만든 도쿠가와 이에야스의 자세는 이 시대의 사람들도 참고할 만한 것이다.

리더를 꿈꾸는 사람을 위한 추천도서 리스트

1. 《사람을 얻는 기술》, 레일 라운즈.
2. 《리더는 사람을 버리지 않는다》, 김성근.
3. 《꿀벌과 게릴라》, 게리 해멀.
4. 《리더라면 우든처럼 : 최고의 감독에게 배우는 최고의 리더십 특강》, 존 우든, 스티브 제이미슨.
5. 《세계는 평평하다 : 세계는 지금 어디로 가고 있는가?》, 토머스 프리드먼.
6. 《켄 블랜차드의 리더의 심장 : 리더들에게 들려주는 위대한 경영 에세이》, 켄 블랜차드.
7. 《성장하는 기업의 비밀》, 로렌스 카프론, 윌 미첼.
8. 《드라이브 : 창조적인 사람들을 움직이는 자발적 동기부여의 힘》, 다니엘 핑크.

험난한 세상을 살아가는 처세술
《중국 3천년의 인간력》_모리야 히로시

04

중국 고전은 크게 두 가지로 나누어진다. 천하를 어떻게 다스릴 것인지를 다룬 정치 이야기와 정치권력을 둘러싼 배신·음모에 당하지 않고 어떻게 인간관계를 맺고 살아야 하는지에 대한 것이다. 그런 점에서 중국 고전은 정치학이며 인간학이라고 할 수 있다.

수천 년 전에 쓰였지만 중국 고전은 인간 군상들의 모습을 폭넓게 다루고 있어 현대에 이르러서는 인간을 이해하는 바이블로 불린다. 인간과 인간 사이에서 어떻게 교류하고, 리더로서 성공을 위해 어떻게 처신해야 하는지 많은 것을 깨달을 수 있기 때문이다.

중국 3천년이라는 장구한 시간과 인간사를 한 권의 책에 담은 책이 《중국 3천년의 인간력》이다. 공자, 맹자, 손자, 노자 등 누구나 한번쯤 들어본 학자들과 중국 리더들의 이야기, 《손자》, 《삼국지》를 비롯해 《한비자》, 《사기》, 《십팔사략》, 《전국책》 등 중국 고전 24권에서 진정한 지도자상을 찾아 한 권으로 정리했다. 중국 3천년이라는 장구한 시간을 한 권에 담다 보니 깊이 있게 다루지는 못하지만 인간과 인간 사이의 관계에 대한 것을 성찰할 수 있게 도움을 주는 책이다.

　　이 책은 사람의 마음은 변하기 쉽고 세상은 냉엄하기 때문에 한 발 물러서서 양보하고 다른 사람과 음식을 나눠 먹는 것이 가장 안전하고 평화로운 방법이라고 말한다.

"인간은 이익을 좇아 움직이는 동물이다."_《한비자》

"결단을 내리고 과감하게 행동하면 귀신도 방해하지 못한다." _《사기》,〈이사전〉

"죽을 때까지 양보해봐야 평생에 백 보가 안 된다."_《채근담》

"자신을 칭찬하는 자는 오래가지 못한다."_《노자》

"인생의 가장 큰 병폐는 오직 오傲라는 한 글자에 있다."[72]

겸손함, 겸허함과 반대되는 글자가 바로 '거만하다', '업신여기다'의 오傲자이다. 명대 중기의 사상가 왕양명의 주장을 수록한 《전습록》에서는 사람의 마음을 얻는 처세 이치를 '오傲'라는 한 마디로 정리한다. 왕양명은 겸손은 선이 모이는 데 기본이 되지만, 거만함은 악이 모이는 데 으뜸이 된다고 강조한다.

아랫사람을 다루는 법 전국시대의 책략을 기록한 《전국책》에는 인간관계의 오묘한 이치를 잘 설명해주는 사례가 있다. 죽 한 그릇 때문에 죽을 위기에 처한 중산의 왕 이야기이다.

전국시대에 중산이라는 작은 나라가 있었다. 어느 날 왕이 국내의 귀빈들을 모아 연회를 베풀면서 양고기로 만든 죽을 대접했다. 그런데 죽이 부족하여 죽을 먹지 못하는 사람이 생겼다. 이때 죽을 먹지 못한 사람이 불만을 품고, 초나라로 가서 초나라 왕을 부추겨 중산을 치게 했다.

대국 초나라의 공격을 받은 중산의 왕은 버티지 못하고 다른 나라로 도망을 쳤다. 그런데 창을 든 두 사람이 뒤를 쫓아왔다. 누구냐고 소리치자, 그 두 사람은 오래전에 자신의 아버지가 왕이 준

음식을 먹고 죽음을 면하게 되어, 왕에게 무슨 일이 생기면 목숨을 걸고 왕에게 은혜를 보답하라는 유언을 지키기 위해 왔다는 것이다. 중산의 왕은 이렇게 탄식했다.

"아주 사소한 은혜라도 상대가 곤란할 때 베풀면 그 효과가 바로 나타나고, 사소한 실수라도 상대를 상처 입히면 크게 보복 당하는구나. 나는 죽 한 그릇으로 나라를 잃었고, 음식 한 바구니로 용사 두 사람을 얻었구나."[73)]

인간관계의 오묘한 이치는 바로 인정이고 진심이다. 부하직원을 진심으로 대하고, 인정해줄 때 부하직원들은 일을 더 잘해내는 것이다.

리더는 조심성 있게, 겸손하게 행동해야 한다

《노자》에서 노자는 난세를 헤쳐 나가는 데 필요한 마음가짐으로 다음 세 가지를 주장했다.

1. 사람을 귀하게 여겨라.
2. 매사에 신중을 기하라.
3. 선두에 나서지 말라.

노자가 강조하는 것은 '부쟁의 덕'이다. 즉, 싸우지 않고 자신이 우위를 차지하는 것이다. 그렇게 하기 위해서는 무력이나 힘으로 이기려고 하지 않고 낮은 자세로 사람을 대해야 한다. 물처럼 낮은 자세로 상대를 절대 거스르지 않고 필요한 것을 얻는 것이다.

"물과 같은 생활방식이 가장 이상적이다. 물은 만물에 혜택을 주면서 상대를 거스르지 않고 사람이 꺼리는 낮은 곳으로 흘러간다. 낮은 곳에 몸을 두고 심연과 같이 깊은 마음을 겸비하고 있다. 줄 때는 차별을 하지 않고 거짓을 말하지 않는다. 나라를 다스릴 때는 파탄을 일으키지 않고 모든 일에 적절하게 대응하며 시기를 보아 적합한 때에 행동한다. 이것이 바로 물의 형상이다. 물과 같이 거스름이 없는 생활방식을 취하면 실패를 막을 수 있다."[74]

노자는 조심성 있게 행동하고, 겸손하게 행동하고, 절대 자랑이나 과시를 하지 말라고 조언해준다. 이러한 노자의 처세 철학은 리더가 되고 싶은 사람들이라면 꼭 한번 되새겨볼 만하다.

내 인생을 바꾼 책
《익숙한 것과의 결별》 _구본형

05

삼성그룹이 삼성의 모든 계열사 CEO들에게 책을 직접 추천받아 바자회를 개최해서 화제가 된 적이 있었다. 삼성 CEO들이 어떤 책을 추천했는지 궁금했었다.

'전동수 삼성SDS 사장은 고故 구본형 컨설턴트가 쓴《익숙한 것과의 결별》을 추천하면서 "직장인으로써 인생지침서이자 조직 관리자로써 방향성을 제시한 바이블"이라며 "피터 드러커 등 당대 유명한 경영학 대가들보다 나에게 월등히 신선하고 현실적인 충격을 준 책"이라고 소개했다.'[75]

《익숙한 것과의 결별》은 IMF 외환위기로 인해 평생을 회사에 헌신했던 직장인들이 해고되거나 앞날이 불투명해 힘들어하던 시기에 나온 책이다. 직장인들은 오랫동안 직장생활을 통해 가지게 된 기득권은 포기하기 힘들었고, 변화는 낯설고 어려웠다.

싫든 좋든 모든 것은 변하므로 우리에게도 변화가 필요하고 그것은 선택이 아니라 필수라고 저자는 말한다. 성공하기 위해서는 현재의 익숙한 것과 결별하고 낯선 곳에서의 하룻밤을 보내는 것에서 시작하라는 것이다.

"변하지 않는 것은 '싫든 좋든 세상은 변하고 있다'는 사실뿐이다. 변화를 생활의 기본적 원리로 받아들이는 것은 그러므로 매우 중요한 깨달음이다. 아울러 그 변화의 방향을 알고, 자신의 욕망과 그것을 연결시킬 수 있다는 것은 바로 기회를 만들어가는 것이다."[76]

**나태해지거나
마음을 다잡고 싶을 때**

1년에 책 서너 권을 출간하고 그 인세로 살아가는 '스스로를 고용한' 구본형 작가의 삶은 필자에게도 신선한 충격을 안겨주었다. 그는 대한민국에서 최고의 직장이라 불리는 IBM을 20년 동안 다니다가 그만두고 홀로서기를 시작했다. 직장인에서 1인 기업가로 변신한 것이다. 그는 '하고 싶은 일을 하면서 살아도 충분히 먹고 살 수 있다'는 사실을 스스로 입증해 보였다.

"스스로 힘을 가지려면 명함의 주술에서 벗어날 수 있어야 한다. 그러기 위해서는 스스로를 자신의 경영자라고 규정할 필요가 있다. 자신을 마치 한 사람으로 이루어져 있는, 대응력이 민활한 '1인 기업'이라고 규정하는 것은 회사와 자신의 관계를 새롭게 정립할 수 있게 한다. 충성심과 시간을 판 대가로 먹거리를 해결하는 고용관계가 아니라, 계약에 의한 상호 협력관계라는 새로운 인식은 스스로를 직장에서 해방시킴으로써 1인 기업의 경영주로서의 새로운 출발을 가능하게 한다."[77]

대부분의 사람들이 어제와 별반 다를 바 없는 오늘을 살고, 오늘과 별반 다를 바 없는 내일을 산다. 변화하고 스스로를 개혁한다는 것은 어렵고 힘든 일이다. 그래도 변화가, 익숙한 것과의 결별이 필요한 이유는 일상에 흥분을 일으키고, 새로운 자신을 만나는 방법이기 때문이다.

《익숙한 것과의 결별》은 시간이 날 때마다, 나태해지거나 마음을 다잡아야 할 때 다시 열정을 불러일으켜주는 책이다.

인생에 도움이 되는 추천도서 리스트

《채근담》[78]

중국 명나라 말 학자 홍자성이 쓴 이 책은 인생의 참뜻과 삶의 자세를 알려주는 동양 고전이다. 《채근담》의 문장들을 읽고 체득한다면 인생에서 잘못 처신하거나 실패할 가능성이 절반으로 줄어들 것이다.

"귀에 거슬리는 충고나 꾸지람도 듣고 뜻대로 되지 않는 일도 있어야 자신을 갈고 닦으며 성장할 수 있다. 겉치레 인사나 칭찬에만 반색을 하고, 모든 일이 뜻대로만 풀리는 것은, 인생 자체를 무서운 독극물 속에 내던지는 것과 같다."

"세상을 살아가는 데에는 한 걸음 양보하는 것이 뛰어난 행동이니, 물러나는 것이 곧 나아가는 바탕이기 때문이다. 사람을 대할 때에는 너그럽게 하는 것이 복이 되니, 남을 이롭게 하는 것이 실로 자신을 이롭게 하는 바탕이기 때문이다."

_《채근담》17.[79]

《장자에게 배우는 행복한 인생의 조건》[80]

장자에 대한 책들은 굉장히 많다. 그 중에서 어떤 책은 알맹이도 없고 교훈이 적은 책도 있고, 대부분 어렵고 난해하다. 이 책은 내용이 튼실

하면서도 삶의 교훈이 있고, 무엇보다 읽기가 비교적 쉽고 행복을 찾고자 하는 우리들 마음을 정화시켜준다.

"인간의 수명이란 아주 오래 살면 백 년, 장수하면 팔십 년, 어느 정도 살면 육십 년이다. 그 사이에 아프거나 걱정하는 시간을 빼고 평소에 즐겁게 웃는 시간은 한 달에 사나흘에 불과하다. 우주는 무한하고, 인생은 유한한데, 유한한 생명이 무한한 우주에서 살아가는 것은 그저 천리마가 틈새를 지나는 것처럼 순식간이다. 그러므로 이 짧은 인생을 즐겁게 웃으며 살아가지 않는 자는 못난 사람이다."

- 《장자》, 〈도척편〉 연암서가.

《카네기 인간관계론》

전 세계적으로 5천만 부 이상 판매된 《인간관계론》은 미국 역사상 가장 영향력 있는 도서 Top 7으로 선정되었고, 인간경영의 최고 바이블로 꼽힌다. 인간관계에 대한 고민과 갈등을 속 시원하게 해결해주는 책이다. '사람의 호감을 얻는 6가지 방법' '상대방을 설득하는 12가지 방법' '반감이나 반발 없이 상대를 변화시키는 9가지 방법' 등의 내용은 시간이 지나도 여전히 유용하게 활용되는 방법들이다.

"이런 경우 '그러나'를 '그리고'로 바꾸어 말한다면, 이 문제는 쉽게 해결될 수 있다."[81]

"당신의 자녀나 배우자나 종업원에게 그들이 어떤 일에 무능하다거나,

재능이 없다거나, 하는 일이 모두 잘못되어 있다고 말해 보라. 그렇게 되면 당신은 잘해 보려는 마음의 싹을 모조리 잘라 버리는 것이 된다. 그러나 그 반대 방법을 사용해 보라. 즉 격려를 아끼지 않고, 일을 쉽게 할 수 있다고 생각하게 하고, 상대방의 능력을 이쪽이 믿고 있다는 것을 알려주면서 그 일에 대해서 아직 계발되지 않은 재능을 갖고 있다고 말하면, 그 사람은 자신의 우수성을 보여 주기 위해 의욕을 갖고 성공할 때까지 꾸준히 그 일을 해나갈 것이다."[82]

《용서해야 할 101가지 이유》[83]
용서한다는 것은 우리가 스스로에게 주는 최고의 선물이라고 말하는 정신과 의사인 에드워드 할로웰의 책이다.
오늘 아침 누군가가 그냥 미워지고, 누군가의 실수나 잘못된 행동들을 도저히 용서하지 못해서 분노와 원망을 하며 시간을 보내고 있는가? 용서는 우리 자신을 가장 건강하게 해주며, 세상을 아름답게 볼 수 있게 해주는 마법의 묘약이다.
용서할 수 없는 부당한 대우를 당했는가? 그때가 용서가 가장 필요한 순간이다. 부당한 대우를 한 사람, 당신에게 상처 준 사람을 용서할 때 엄청난 마법이 일어난다. 마음의 평화와 행복이 찾아오는 것이다.
'용서는 당신이 스스로에게 주는 선물이다.'

에필로그

단 한 시간의 독서라도 절대 무시하지 마라

태산도 한 걸음부터다. 한 걸음 한 걸음 내닫지 않고 단번에 태산에 오르려고 하는 사람만큼 어리석은 사람이 또 있을까? 그런데 대부분의 사람들은 단 한 권의 책을 통해 엄청난 것을 배우고 얻고자 한다. 그것은 욕심이다.

한 권의 책을 통해 아주 작고 사소한 것을 얻더라도 그 작은 변화와 성장을 아주 중요하고 가치 있게 생각하는 마음이 필요하다.

"만 권 독서도 한 권부터."

결코 매일의 일상에서 책을 읽는 30분, 10분 혹은 단 5분도 작고 사소하게 생각하지 마라.

단 5분 동안 독서를 했다면, 5분의 시간을 가장 가치 있고 의미 있는 행위를 하며 보낸 것이다. 그런데 많은 사람들은 5분 독서를 해서 무엇이 달라지겠느냐고 5분 독서를 무시한다.

필자는 5분이 아니라 5초 독서도 엄청난 것이라고 여긴다. 5초 독서가 모여서 5분이 되고, 5분 독서가 모여서 5일 독서가 되고, 결국 5년 독서가 되고, 평생 독서가 되는 것이다.

한 권의 책도 절대 무시해서는 안 된다. 한 권이 두 권이 되고, 두 권이 세 권이 된다. 그리고 그렇게 한 권 한 권이 모여서 결국 천 권이 되고, 만 권이 된다.

한 권의 책을 무시하는 사람은 절대 만 권의 책을 읽을 수 없다. 하지만 한 권의 책을 읽는 그 행위를 절대 무시하지 않는 사람은 멀지 않아 수천 권의 책을 독파한 독서 고수가 된다.

필자가 독서 고수가 될 수 있었던 기적은 단 한 권의 책으로부터 시작되었다. 필자는 종이 한 장 차이를 결코 무시하지 않는다. 종이 한 장 차이가 어쩌면 우주의 차이보다 더 큰 차이라고 생각하기 때문이다.

종이 한 장은 사실 주변에서 흔히 보는 사소한 것이다. 그러나 그 종이에 쓰인 한 줄의 글, 한 권의 책이 인생을 바꾸기도 한다. 종이 한 장이 작고 사소한 변화를 준다면 그 작고 사소한 차이를 결코 무시하지 마라. 종이 한 장 차이만큼의 작은 차이를 만들어내는 책을 수없이 많이 읽으면 위대한 변화가 된다.

필자는 종이 한 장 차이를 세상에서 가장 큰 차이를 만들어내는 것과 동일시했다. 바로 이러한 자세 덕분에 결국 만 권 이상의 책을 독파한 사람이 될 수 있었다. 그리고 전국 각지에서 300여 명이 참여하는 독서 프로그램의 운영자가 되었다.

　독서 혁명 프로젝트를 하면, 그야말로 전국 각지에서 모여 든다. 재미있는 사실은 어머니와 아들이 함께 손잡고 오고, 아버지와 딸이 함께 손잡고 온다는 것이다. 그리고 이 수업을 통해 독서 천재가 되는 분들이 적지 않다.

　필자의 소박한 꿈은 이 독서 프로그램을 하버드대보다 더 나은 독서 교육기관으로 만드는 것이다. 그래서 미국, 일본에서도 이 수업을 듣기 위해 오고 그들에게 한글로 된 수료증을 주는 것이다.

　단 한 권의 책에서 시작된 꿈이다. 그 꿈을 이 책을 읽는 독자들이 함께 이룰 수 있기를 바란다.

"가진 것도, 이룬 것도, 내세울 것도 전혀 없었던 나에게
책은 가진 자들이나 무엇인가를 이루고 내세울 것이 많은 이들과
경쟁에서 이길 수 있게 해주는 유일한 무기였다."

_ 김병완 [84)]

주석

1) 미국의 교육행정가.
2) 이지성, '우리는 불행하게 살도록 교육받았다', 2015. 5. 19. http://me2.do/GQoc47oT.
3) 사이토 다카시 저, 김효진 역, 《독서는 절대 나를 배신하지 않는다》, 걷는나무, 2015, 100쪽.
4) '新대한민국 리포트 〈2〉 책 안 읽는 사회', 〈머니투데이〉, 2014. 7. 25. http://me2.do/G3bhLuD6.
5) 정약용 저, 박석무 역, 《유배지에서 보낸 편지》, 창비, 2001.
6) 사이토 다카시 저, 최수진 역, 《읽고 쓰기의 달인》, 비즈니스맵, 2009, 21쪽.
7) 문화체육관광부, 〈2013년 국민 독서실태 조사〉, 2013. 12.
8) 모티머 J. 애들러 등 저, 민병덕 역, 《독서의 기술》, 범우사, 2010, 16~17쪽.
9) 다치바나 다카시, 이언숙 역, 《나는 이런 책을 읽어왔다》, 청어람미디어, 2001, 285~286쪽.
10) 해럴드 블룸 저, 최용훈 역, 《교양인의 책읽기: 해럴드 블룸이 말하는 책읽기의 즐거움과 그 방법론》, 해바라기, 2004, 프롤로그에서 인용.
11) 린위탕(임어당) 저, 안동민 역, 《생활의 발견》, 문예출판사, 2012, 341쪽.

[12] 장자 저, 오강남 편, 《장자》, 현암사, 1999.

[13] 시미즈 가쓰요시 등 저, 김혜숙 역, 《성공한 사람들의 독서습관》, 나무한그루, 2004, 50쪽.

[14] 이상무, 《THE RULE 더 룰 : 명품 인생을 만드는》, 신원문화사, 2009, 133쪽.

[15] 애슐리 반스 저, 안기순 역, 《일론 머스크 미래의 설계자》, 김영사, 2015, 8쪽.

[16] '新대한민국 리포트〈2〉책 안 읽는 사회', 〈머니투데이〉, 2014. 7. 25. http://me2.do/G3bhLuD6.

[17] 애슐리 반스 저, 안기순 역, 《일론 머스크 미래의 설계자》, 김영사, 2015, 55~56쪽.

[18] '[CEO 삶과 멋] 책 읽는 '컴'닥터 안철수', 〈디지털타임스〉, 2003. 1. 20.

[19] 《난중일기》, 1594년 9월 3일.

[20] 피터 드러커 저, 이재규 역, 《프로페셔널의 조건》, 청림출판, 2012, 150쪽.

[21] 피터 드러커 저, 남상진 역, 《피터 드러커 나의 이력서》, 청림출판, 2006, 13~14쪽.

[22] 빅터 프랭클 저, 이시형 역, 《죽음의 수용소에서》, 청아출판사, 2005, 112쪽.

[23] 미국의 유명한 성취동기 개발 강사, 베스트셀러 작가.

24) 유시민,《유시민의 글쓰기 특강》, 생각의길, 2015, 139쪽.
25) 장거 저, 박지민 역,《마오쩌둥 어록》, 큰나무, 2010, 24쪽.
26) 꿍위즈, 펑셴즈, 스중취안 등 저, 조경희 역,《마오의 독서생활 : 고전부터 과학, 역사, 철학, 잡서까지 현대 중국을 건설한 위대한 독서의 비밀》, 글항아리, 2011, 20쪽.
27) 같은 책.
28) 사이토 다카시 저, 김효진 역,《독서는 절대 나를 배신하지 않는다》, 걷는나무, 2015, 150쪽.
29) 정민,《다산어록청상 : 옛사람 맑은 생각》, '책을 어떻게 읽을까?' 중에서, 푸르메, 2007, 133쪽.
30) 김병완,《김병완의 초의식 독서법》, 아템포, 2014.
31) 정약용 저, 박석무 역,《유배지에서 보낸 편지》, 창비, 2009, 97쪽.
32) 같은 책.
33) 정약용 저, 박석무 역,《유배지에서 보낸 편지》, 창비, 2009, 98쪽.
34) 정인영,《길이 없으면 길을 만들며 간다 : 신용호의 도전과 창조》, 랜덤하우스코리아, 2006년.
35) 이규태,《대산 신용호》, 교보문고, 2004, 32쪽.
36) 김병완,《인생의 절반은 행복하게 살자》, 라이온북스, 2012, 110쪽.
37) 에른스트 푀펠, 베아트리체 바그너 공저, 이덕임 역,《노력중독》, 율리시즈, 2014, 74쪽.
38) 김병완,《나는 도서관에서 기적을 만났다》, 아템포, 2013, 65~66쪽.

39) 사이토 다카시 저, 김효진 역, 《독서는 절대 나를 배신하지 않는다》, 걷는나무, 2015, 108쪽.

40) 주자, 《근사록》.

41) 주자, 《근사록》.

42) 세스 고딘 저, 박세연 역, 《이카루스 이야기》, 한국경제신문사(한경비피), 2014, 27~28쪽.

43) 김대식, 《공부혁명》, 에듀조선, 2003.

44) 이나모리 가즈오 저, 신정길 역, 《왜 일하는가 : 이나모리 가즈오가 성공을 꿈꾸는 당신에게 묻는다》, 서돌, 2010, 8쪽.

45) 문화체육관광부, 〈2013년 국민 독서실태 조사〉, 2013. 12.

46) 정민, 《오직 독서뿐》, 김영사, 2013, 23쪽.

47) 같은 책.

48) 같은 책, 41쪽.

49) 정민, 《다산선생 지식경영법》, 김영사, 2006, 159쪽.

50) 리처드 라이트 저, 이남규 역, 《하버드 수재 1600명의 공부법》, 월간조선사, 2002, 뒤표지 글.

51) 같은 책, 78쪽 참조.

52) '[작은 거인 알리바바 마윈 ④] 무수한 좌절에서 건져준 건 '무협지'였다', 〈The ASIA N〉, 2015. 4. 14. http://kor.theasian.asia/archives/134650.

53) 시미즈 가쓰요시 저, 김혜숙 역, 《성공한 사람들의 독서 습관》, 나무

한그루, 2004, 126쪽.

54) 장석주,《취서만필》, 평단문화사, 2009, 378~379쪽.

55) 헤르만 헤세 저, 김지선 역,《헤르만 헤세의 독서의 기술》, 뜨인돌, 2006, 109쪽.

56) 에른스트 푀펠, 베아트리체 바그너 공저, 이덕임 역,《노력중독》, 율리시즈, 2014, 269~270쪽.

57) 마이클 샌델 저, 이창신 역,《정의란 무엇인가》, 김영사, 2010, 4장에서 인용.

58) 같은 책, 차례 인용.

59) 맹자,《맹자》의 〈고자상〉 중에서.

60) 헤르만 헤세 저, 김지선 역,《헤르만 헤세의 독서의 기술》, 뜨인돌, 2006, 21쪽.

61) 에른스트 푀펠, 베아트리체 바그너 공저, 이덕임 역,《노력중독》, 율리시즈, 2014, 33쪽.

62) 정민,《오직 독서뿐》, 김영사, 2013, 23쪽.

63) 리처드 도킨스 저, 홍영남, 이상임 공역,《이기적 유전자》, 을유문화사, 2010.

64) 이나모리 가즈오 저, 신정길 역,《왜 일하는가 : 이나모리 가즈오가 성공을 꿈꾸는 당신에게 묻는다》, 서돌, 2010, 113쪽.

65) 같은 책, 34쪽.

66) '김신 삼성물산 사장, "책은 보물…감성으로 미래 예측"', 〈뉴데일리

경제〉, 2015. 4. 9. http://me2.do/Fanwc0BG.

67) '김신 삼성물산 사장, "책은 보물…감성으로 미래 예측"', 〈뉴데일리 경제〉, 2015. 4. 9. http://me2.do/Fanwc0BG.

68) 이나모리 가즈오 저, 신정길 역, 《왜 일하는가 : 이나모리 가즈오가 성공을 꿈꾸는 당신에게 묻는다》, 서돌, 2010, 8쪽.

69) 존 맥스웰 저, 박산호 역, 《어떻게 배울 것인가》, 비즈니스북스, 2014, 213쪽.

70) 같은 책, 65쪽.

71) 도몬 후유지 저, 이정환 역, 《도쿠가와 이에야스 인간경영》, 경영정신, 2004, 115~116쪽.

72) 모리야 히로시 저, 박화 역, 《중국 3천년의 인간력》, 청년정신, 2004, 133쪽.

73) 같은 책, 102쪽.

74) 같은 책, 164쪽.

75) '삼성인 나눔 바자회 '북(Book)'적이다 사람들로 "북적북적"', 〈머니투데이〉, 2014. 10. 24.

76) 구본형, 《익숙한 것과의 결별》, 을유문화사, 2007, 59쪽.

77) 같은 책, 163~164쪽.

78) 홍자성, 《채근담》, 현암사, 2002.

79) 같은 책.

80) 이인호, 《장자에게 배우는 행복한 인생의 조건》, 새빛에듀넷, 2010.

81) 데일 카네기 저, 최영순 역, 《카네기 인간관계론》, 씨앗을 뿌리는 사람, 2004, 308쪽.
82) 같은 책, 345쪽.
83) 에드워드 M. 할로웰 저, 강주헌 역, 《용서해야 할 101가지 이유》, 동아일보사, 2005.
84) 김병완, 《나는 도서관에서 기적을 만났다》, 아템포, 2013, 본문 인용.

참고도서

- 구본형, 《익숙한 것과의 결별》, 을유문화사, 2007.
- 김대식, 《공부혁명》, 에듀조선, 2003.
- 김병완, 《48분 기적의 독서법》, 미다스북스, 2011.
- 김병완, 《김병완의 초의식 독서법》, 아템포, 2014.
- 김병완, 《나는 도서관에서 기적을 만났다》, 아템포, 2013.
- 김병완, 《인생의 절반은 행복하게 살자》, 라이온북스, 2012.
- 꿍위즈, 펑센즈, 스중취안 등 저, 조경희 역, 《마오의 독서생활 : 고전부터 과학, 역사, 철학, 잡서까지 현대 중국을 건설한 위대한 독서의 비밀》, 글항아리, 2011.
- 다치바나 다카시 저, 이언숙 역, 《나는 이런 책을 읽어왔다》, 청어람미디어, 2001.
- 데일 카네기 저, 최영순 역, 《카네기 인간관계론》, 씨앗을뿌리는사람, 2004.
- 도몬 후유지 저, 이정한 역, 《도쿠가와 이에야스 인간경영》, 경영정신, 2004.
- 리처드 도킨스 저, 홍영남, 이상임 공역, 《이기적 유전자》, 을유문화사, 2010.
- 리처드 라이트 저, 이남규 역, 《하버드 수재 1600명의 공부법》, 월간

조선사, 2002.
- 린위탕(임어당) 저, 안동민 역,《생활의 발견》, 문예출판사, 2012.
- 시미즈 가쓰요시 저, 김혜숙 역,《성공한 사람들의 독서 습관》, 나무한그루, 2004.
- 마이클 샌델 저, 이창신 역,《정의란 무엇인가》, 김영사, 2010.
- 맹자,《맹자》의〈고자상〉.
- 모리야 히로시 저, 박화 역,《중국 3천년의 인간력》, 청년정신, 2004.
- 빅터 프랭클 저, 이시형 역,《죽음의 수용소에서》, 청아출판사, 2005.
- 사이토 다카시 저, 김효진 역,《독서는 절대 나를 배신하지 않는다》, 걷는나무, 2015.
- 사이토 다카시 저, 최수진 역,《읽고 쓰기의 달인》, 비즈니스맵, 2009.
- 세스 고딘 저, 박세연 역,《이카루스 이야기》, 한국경제신문사(한경비피), 2014.
- 애슐리 반스 저, 안기순 역,《일론 머스크 미래의 설계자》, 김영사, 2015.
- 에드워드 M. 할로웰 저, 강주헌 역,《용서해야 할 101가지 이유》, 동아일보사, 2005.
- 에른스트 푀펠, 베아트리체 바그너 공저, 이덕임 역,《노력중독》,

율리시즈, 2014.
- 유시민,《유시민의 글쓰기 특강》, 생각의길, 2015.
- 이규태,《대산 신용호》, 교보문고, 2004.
- 이나모리 가즈오 저, 신정길 역,《왜 일하는가 : 이나모리 가즈오가 성공을 꿈꾸는 당신에게 묻는다》, 서돌, 2010.
- 이상무,《THE RULE 더 룰 : 명품 인생을 만드는》, 신원문화사, 2009.
- 이순신,《난중일기》, 1594.
- 이인호,《장자에게 배우는 행복한 인생의 조건》, 새빛에듀넷, 2010.
- 장자 저, 오강남 편,《장자》, 현암사, 1999.
- 장거 저, 박지민 역,《마오쩌둥 어록》, 큰나무, 2010.
- 장석주,《취서만필》, 평단문화사, 2009.
- 정민,《다산선생 지식경영법》, 김영사, 2006.
- 정민,《다산어록청상 : 옛사람 맑은 생각》, 푸르메, 2007.
- 정민,《오직 독서뿐》, 김영사, 2013.
- 정약용 저, 박석무 역,《유배지에서 보낸 편지》, 창비, 2009.
- 정인영,《길이 없으면 길을 만들며 간다 : 신용호의 도전과 창조》, 랜덤하우스코리아, 2006.
- 존 맥스웰 저, 박산호 역,《어떻게 배울 것인가》, 비즈니스북스, 2014.
- 주자,《근사록》.

- 피터 드러커 저, 남상진 역, 《피터 드러커 나의 이력서》, 청림출판, 2006.
- 피터 드러커 저, 이재규 역, 《프로페셔널의 조건》, 청림출판, 2012.
- 해럴드 블룸 저, 최용훈 역, 《교양인의 책읽기 : 해럴드 블룸이 말하는 책읽기의 즐거움과 그 방법론》, 해바라기, 2004.
- 헤르만 헤세 저, 김지선 역, 《헤르만 헤세의 독서의 기술》, 뜨인돌, 2006.
- 홍자성, 《채근담》, 현암사, 2002.

참고기사

- '[CEO 삶과 멋] 책 읽는 '컴'닥터 안철수', 〈디지털타임스〉, 2003. 1. 20.
- '김신 삼성물산 사장, "책은 보물…감성으로 미래 예측"', 〈뉴데일리경제〉, 2015. 4. 9. http://me2.do/Fanwc0BG.
- '삼성인 나눔 바자회 '북(Book)'적이다 사람들로 "북적북적"', 〈머니투데이〉, 2014. 10. 24.
- '新대한민국 리포트 〈2〉 책 안 읽는 사회', 〈머니투데이〉, 2014. 7. 25. http://me2.do/G3bhLuD6.
- '[작은 거인 알리바바 마윈 ④] 무수한 좌절에서 건져준 건 '무협지'였다', 〈The ASIA N〉, 2015. 4. 14. http://kor.theasian.asia/archives/134650.
- 문화체육관광부, 〈2013년 국민 독서실태 조사〉, 2013. 12.